Annette Szugger

Wochenrechenstreifen – Rechenübungen für jeden Tag

Sicherheit durch Routine:
Einfache Übungen zu den Kernthemen des Mathematikunterrichts der 1. Klasse

FREIARBEITSMATERIAL
MATHEMATIK

Die Umwelt liegt uns am Herzen! Konkret bedeutet das: Wir verwenden ausschließlich recyceltes Papier und vermeiden Plastik, wo es möglich ist. Dieses Produkt wurde aus diesem Grund nicht eingeschweißt. Auch haben wir bei der Herstellung des Umschlags auf eine Cellophan-Schicht verzichtet. Alle in diesem Produkt verwendeten Papiere bestehen zu mindestens 50 % aus Recyclingfasern. Das Inhaltspapier dieses Buches ist gemäß DE-UZ 14a Blauer-Engel-zertifiziert.

Wir haben uns für die Schreibweise mit dem Sternchen entschieden, damit sich Frauen, Männer und alle Menschen, die sich anders bezeichnen, gleichermaßen angesprochen fühlen. Aus Gründen der besseren Lesbarkeit für die Schüler*innen verwenden wir in den Kopiervorlagen das generische Maskulinum. Bitte beachten Sie jedoch, dass wir in Fremdtexten anderer Rechtegeber*innen die Schreibweise der Originaltexte belassen mussten.

In diesem Werk sind nach dem MarkenG geschützte Marken und sonstige Kennzeichen für eine bessere Lesbarkeit nicht besonders kenntlich gemacht. Es kann also aus dem Fehlen eines entsprechenden Hinweises nicht geschlossen werden, dass es sich um einen freien Warennamen handelt.

3. Auflage 2026

Autor*innen Annette Szugger
Covergestaltung Nicole Sandner, Neusäß
Coverfoto AdobeStock_480108342; Urheber: dikushin
Illustrationen Sybille Schreiber
Satz Typographie & Computer, Krefeld
Druck und Bindung Joh. Walch GmbH & C. KG, Augsburg

ISBN 978-3-7468-**1102**-4
www.lernbiene.de

Inhalt

Der Band enthält digitales Zusatzmaterial zum Download. Die Benutzerhinweise zum Download des Zusatzmaterials und den entsprechenden Zusatzcode finden Sie am Ende des Buches.

Wochenrechenstreifen – Rechenübungen für jeden Tag

von Annette Szugger

Bereits vor Eintritt in die Schule werden die Kinder mit einfachen Plus- und Minusaufgaben bekannt. Diese werden dann im Laufe der ersten Klasse durch vielfältiges Üben immer mehr automatisiert, bis die Schüler*innen sie schließlich sicher beherrschen. Ziel der ersten Jahrgangsstufe ist es, dass sich die Kinder den Zahlenraum bis 20 erschließen und diesen durchdringen. Vielfache Rechenmuster werden erlernt und eingeübt und auch schwierigere Aufgabenformen wie zum Beispiel Tausch- und Umkehraufgaben, Platzhalter- und Ergänzungsaufgaben müssen verstanden werden, um diese schnell und sicher lösen zu können. Dabei ist es wichtig, diese Aufgaben regelmäßig zu üben und zu wiederholen, damit sie automatisiert werden und jederzeit schnell abrufbar sind. Dies soll idealerweise in motivierender und ansprechender Form geschehen und möglichst ohne großen Erkläraufwand von Seiten der Lehrkraft.
Dieses Material bietet den Kindern abwechslungsreiche Übungsmaterialien zu den arithmetischen Kernthemen der ersten Jahrgangsstufe. Die Aufgaben sind selbsterklärend und kommen ohne Arbeitsaufträge aus, damit auch Kinder der ersten Klasse, die noch nicht (gut) lesen können, sie bearbeiten können. Als zusätzliche Unterstützung sind die Lösungen einiger Aufgaben beispielhaft vorgegeben.

Aufbau des Materials

Die Wochenrechenstreifen orientieren sich thematisch an den Lehrplaninhalten für die 1. Jahrgangsstufe aus dem Bereich „Zahlen und Operationen". Jedes Arbeitsblatt widmet sich einem bestimmten Thema (zum Beispiel „Die Zahl 10 zerlegen") und ist in fünf Streifen unterteilt – für jeden Wochentag von Montag bis Freitag jeweils ein Streifen. Innerhalb der Seite findet eine leichte Progression statt, die sich von Montag bis Freitag stetig steigert. Diese Progression kann sowohl im Zahlenraum als auch im Aufgabenformat stattfinden.

Arbeiten mit dem Material

Die Kinder bekommen am Anfang jeder Woche jeweils ein Arbeitsblatt mit den Rechenstreifen. Dabei sollte das Arbeitsblatt so ausgewählt werden, dass es thematisch zu den Inhalten passt, die auch im Unterricht behandelt werden. Das Material ist so konzipiert, dass die Kinder die Aufgaben direkt auf den Arbeitsblättern bearbeiten können. Ebenso ist es jedoch möglich, dass die Aufgaben zunächst ins Heft übertragen und erst dann gelöst werden. Die Wochenrechenstreifen eignen sich sowohl zum Einsatz als Freiarbeitsmaterial als auch zur Bearbeitung im Rahmen der Hausaufgabe. Optional können die Seiten auch laminiert und zum Beispiel als zusätzliches Übungsmaterial oder zur Differenzierung angeboten werden.
Da die Materialien editierbar sind, können die Aufgaben, je nach Leistungsstand der Klasse, individuell von der Lehrkraft abgeändert werden.

Zum Inhalt

Mit den ersten Arbeitsblättern trainieren die Kinder das Erkennen von Mengen und lernen verschiedene Notationsformen kennen.
Weiter geht es dann mit verschiedenen Zerlegungsaufgaben im Zahlenraum bis 10 (Schüttelboxen, Zerlegungshäuser, Partnerzahlen). Themen wie „größer, kleiner, gleich" sowie „Vorgänger und Nachfolger" dienen zur Orientierung im Zahlenraum.
Daran schließen sich Additions- und Subtraktionsaufgaben an. Hierbei werden klassische Lehrplaninhalte wie Tausch-, Umkehr- und Ergänzungsaufgaben abgedeckt. In den Zahlenmauern und Aufgabenfamilien werden diese Aufgabenformate nochmals geübt.
Ist der Zahlenraum bis 10 gefestigt, erschließen sich die Kinder den Zahlenraum bis 20. Auch hier werden wieder die Orientierung im erweiterten Zahlenraum trainiert und Aufgabenseiten zur Notation, Zahlenfolgen und Zahlenrelationen angeboten.
Es folgen Additions- und Subtraktionsaufgaben – zunächst noch ohne Zehnerübergang. Beim Bearbeiten von kleinen und großen Aufgaben können die Kinder Analogien in den Zahlenräumen entdecken und das flexible Rechnen anhand von Rechentabellen trainieren.
Der Zehnerübergang wird dann auf vier Seiten geübt. Dabei finden neben der Strategie „Stopp bei der 10" auch andere Rechenvorteile wie das Verdoppeln oder die Nähe zu einfachen Nachbaraufgaben Erwähnung.
Nachdem die Kinder die unterschiedlichen Strategien zum Lösen von Additions- und Subtraktionsaufgaben mit Zehnerübergang kennengelernt und verinnerlicht haben, können sie diese nun im Rahmen verschiedener Aufgabenformate einüben. Dabei kommen unter anderem Rechenräder, Rechendreiecke und Rechenketten zum Einsatz, um das Rechnen im Zahlenraum bis 20 vielseitig und variabel zu üben und zu automatisieren.
Zum Abschluss werden auf den beiden letzten Seiten alle wichtigen Rechenstrategien und Aufgabenformate noch einmal wiederholt.

Hinweis zur Schrift

Das Material ist in einer Druckschrift für die Grundschule erstellt, damit die Kinder in Klasse 1 ein für sie gut erkennbares und eindeutiges Schriftbild vorfinden. Die verwendeten Schriftarten heißen „GSGBY Mathe" und „Grundschrift GSV". Die Schriften finden Sie zum Download im Zusatzmaterial. Sie werden Ihnen in den Worddateien nur dann angezeigt, wenn Sie sie in Ihrem Schriftenordner installiert haben. Ansonsten werden Ihnen die Übungen in Word automatisch in Ihrer eingestellten Standardschrift angezeigt. Natürlich haben Sie jederzeit die Möglichkeit, die Worddateien anzupassen. Da sie editierbar sind, können Sie das Material nach Belieben in Ihre bevorzugte Schriftart umändern.

*Wir wünschen Ihnen und Ihren Schüler*innen*
viel Spaß mit dem vorliegenden Material!

Name: ______ Datum: ______

Mengen bis 10 erkennen und Zahlen zuordnen

Montag

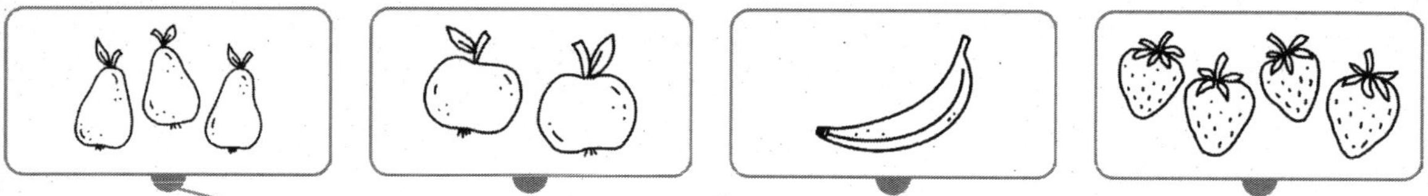

1 4 3 2

Dienstag

6 3 4 5

Mittwoch

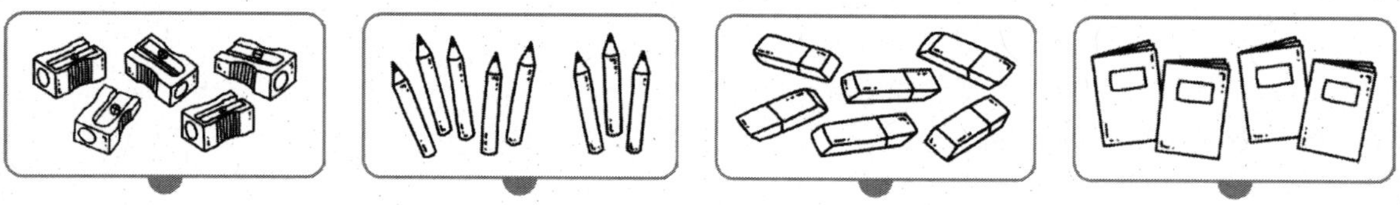

6 5 4 8

Donnerstag

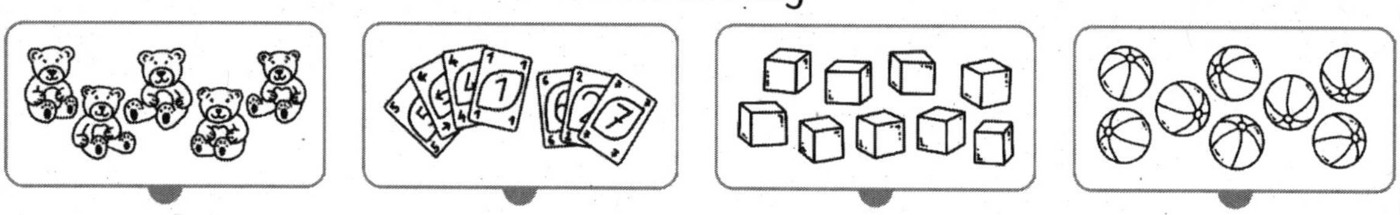

9 7 5 8

Freitag

7 10 6 8

Name: Datum:

Mengen bis 10 erkennen und notieren

Montag

IIII 4

Dienstag

Mittwoch

Donnerstag

Freitag

Name: ____________ Datum: ____________

Zahlen zerlegen bis 10 mit Würfelbildern

Montag

1 + 1   ___ + ___   ___ + 2   ___ + ___

Dienstag

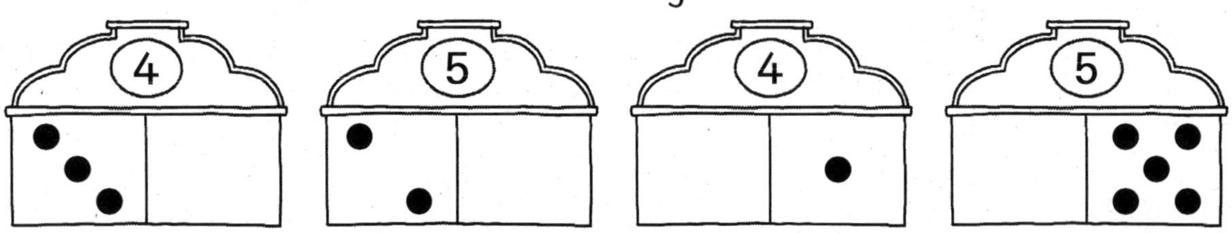

3 + ___   ___ + ___   ___ + 1   ___ + ___

Mittwoch

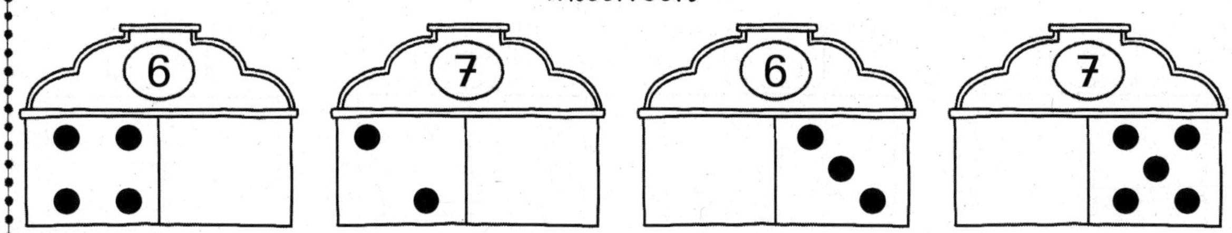

4 + ___   ___ + ___   ___ + 3   ___ + ___

Donnerstag

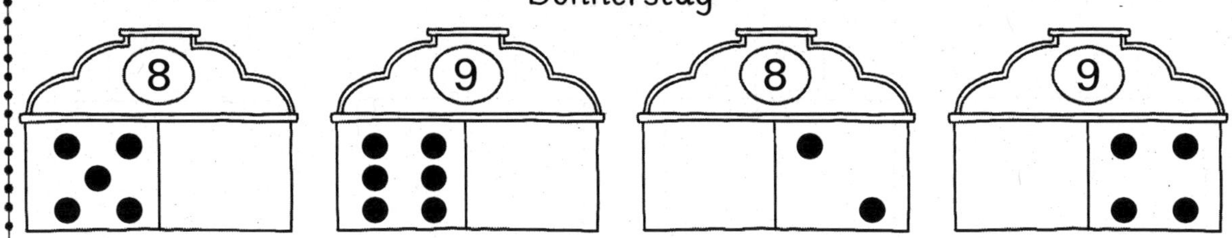

5 + ___   ___ + ___   ___ + 2   ___ + ___

Freitag

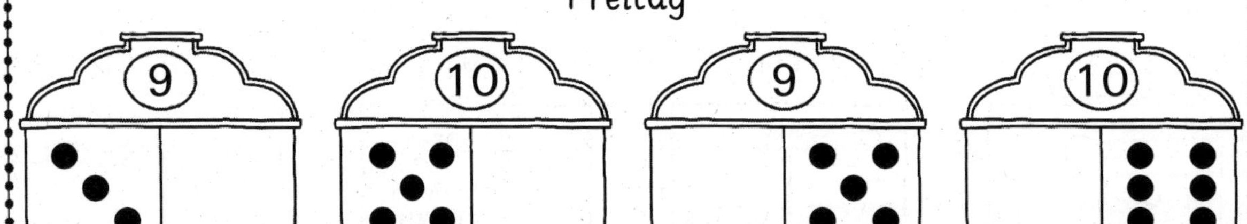

3 + ___   ___ + ___   ___ + 5   ___ + ___

Name: ____________ Datum: ____________

Zahlen zerlegen bis 10 mit der Schüttelbox

Montag

2	3	2	
1 + 1	___ + 2	___ + 1	2 + 1

Dienstag

4	5	5	
3 + ___	___ + 1	___ + 4	2 + 2

Mittwoch

6	7	6	
4 + ___	___ + 5	___ + 3	3 + 4

Donnerstag

8	9	9	
3 + ___	___ + 6	___ + 4	2 + 6

Freitag

9	10	10	
5 + ___	___ + 5	___ + 6	6 + 3

Name: ______ Datum: ______

Die Zahl 10 zerlegen

Montag

10	
0	10
1	
2	

10	
3	
4	
5	

10	
6	
7	
8	

10	
9	
10	
0	

Dienstag

10	
5	
1	
3	

10	
0	
4	
10	

10	
8	
2	
6	

10	
5	
7	
9	

Mittwoch

10	
	0
	1
	2

10	
	3
	4
	5

10	
	6
	7
	8

10	
	9
	10
	0

Donnerstag

10	
	5
	2
	0

10	
	3
	7
	2

10	
	6
	8
	1

10	
	9
	4
	10

Freitag

10	
	9
2	
	1

10	
8	
	3
4	

10	
10	
0	
	9

10	
	6
	5
7	

Name: Datum:

Zahlenhäuser bis 10

Montag

1	
1	0
0	

2	
0	
2	
	1

1	
1	
	1

2	
	0
1	
	2

Dienstag

3	
3	
2	
	3

4	
3	
	0
1	

3	
	2
3	
	1

4	
	3
0	
2	

Mittwoch

5	
	1
3	
	4

6	
	5
3	
	2

5	
2	
	0
4	

6	
0	
4	
	1

Donnerstag

7	
6	
	5
	3

8	
7	
2	
	4

7	
7	
	4
2	

8	
	8
	5
1	

Freitag

9	
	8
6	
	2

10	
10	
	9
	4

9	
	1
3	
4	

10	
2	
	5
7	

Name: ____________ Datum: ____________

Größer (>), kleiner (<) oder gleich (=) bis 10

Montag

1 (<) 3	1 < ___	0 + 1 ○ 1	3 ○ 1 + 1
3 ○ 2	0 < ___	2 − 1 ○ 3	0 ○ 3 + 0
1 ○ 1	2 > ___	2 + 1 ○ 2	1 ○ 2 − 1
3 ○ 0	3 > ___	3 − 2 ○ 3	2 ○ 1 + 1

Dienstag

4 ○ 3	4 = ___	3 + 1 ○ 4	3 ○ 1 + 1
0 ○ 2	1 < ___	4 − 2 ○ 3	0 ○ 1 + 3
4 ○ 4	2 > ___	1 + 1 ○ 4	4 ○ 2 + 2
3 ○ 2	3 < ___	2 + 2 ○ 3	2 ○ 3 − 1

Mittwoch

6 ○ 3	5 < ___	3 + 3 ○ 5	6 ○ 1 + 5
4 ○ 5	6 > ___	5 − 2 ○ 2	3 ○ 6 − 4
4 ○ 1	4 < ___	1 + 5 ○ 6	5 ○ 2 + 2
3 ○ 3	0 = ___	0 + 5 ○ 4	4 ○ 2 + 1

Donnerstag

6 ○ 7	5 < ___	3 + 2 ○ 5	8 ○ 7 − 5
8 ○ 6	7 = ___	4 + 3 ○ 6	5 ○ 3 + 4
7 ○ 7	8 > ___	8 − 6 ○ 4	7 ○ 3 + 3
4 ○ 3	2 < ___	7 − 3 ○ 7	6 ○ 1 + 5

Freitag

8 ○ 10	10 > ___	5 + 5 ○ 10	9 ○ 1 + 9
10 ○ 10	9 < ___	3 + 7 ○ 8	5 ○ 7 − 1
9 ○ 8	7 = ___	10 − 6 ○ 5	8 ○ 4 + 4
6 ○ 9	6 < ___	9 − 0 ○ 6	7 ○ 2 + 5

Name: ______ Datum: ______

Vorgänger und Nachfolger bis 10

Montag

V	Z	N
0	1	2
	2	
	3	

V	Z	N
0		
1		
2		

V	Z	N
		4
		2
		3

V	Z	N
1		
	3	
		2

Dienstag

V	Z	N
	3	
	2	
	4	

V	Z	N
4		
3		
2		

V	Z	N
		5
		3
		4

V	Z	N
3		
		6
	2	

Mittwoch

V	Z	N
	5	
	3	
	6	

V	Z	N
6		
4		
5		

V	Z	N
		6
		5
		7

V	Z	N
		7
6		
	5	

Donnerstag

V	Z	N
	6	
	8	
	7	

V	Z	N
7		
8		
6		

V	Z	N
		9
		7
		8

V	Z	N
		8
	9	
7		

Freitag

V	Z	N
	9	
	7	
	8	

V	Z	N
6		
5		
7		

V	Z	N
		10
		9
		8

V	Z	N
8		
	5	
		7

Name: ______ Datum: ______

Addieren bis 10

Montag

1 + 0 = ___	1 + 0 = ___	1 + 1 = ___	0 + 3 = ___
1 + 1 = ___	2 + 1 = ___	1 + 0 = ___	2 + 1 = ___
1 + 2 = ___	3 + 0 = ___	1 + 2 = ___	1 + 1 = ___
0 + 1 = ___	0 + 3 = ___	2 + 0 = ___	3 + 0 = ___

Dienstag

1 + 1 = ___	4 + 1 = ___	0 + 3 = ___	4 + 1 = ___
2 + 3 = ___	3 + 2 = ___	2 + 2 = ___	1 + 2 = ___
2 + 1 = ___	1 + 3 = ___	1 + 4 = ___	0 + 5 = ___
1 + 4 = ___	1 + 1 = ___	3 + 1 = ___	4 + 0 = ___

Mittwoch

1 + 6 = ___	5 + 0 = ___	3 + 1 = ___	4 + 2 = ___
5 + 1 = ___	4 + 1 = ___	4 + 3 = ___	2 + 5 = ___
2 + 4 = ___	3 + 3 = ___	1 + 5 = ___	6 + 1 = ___
1 + 3 = ___	2 + 1 = ___	5 + 1 = ___	0 + 7 = ___

Donnerstag

1 + 7 = ___	9 + 0 = ___	4 + 4 = ___	4 + 5 = ___
3 + 4 = ___	8 + 1 = ___	3 + 6 = ___	7 + 2 = ___
0 + 6 = ___	2 + 7 = ___	7 + 1 = ___	5 + 3 = ___
4 + 1 = ___	6 + 2 = ___	5 + 2 = ___	1 + 8 = ___

Freitag

1 + 9 = ___	10 + 0 = ___	5 + 5 = ___	7 + 3 = ___
0 + 8 = ___	6 + 3 = ___	6 + 4 = ___	8 + 1 = ___
3 + 7 = ___	8 + 2 = ___	0 + 10 = ___	1 + 7 = ___
7 + 0 = ___	7 + 1 = ___	2 + 8 = ___	9 + 1 = ___

Name: ____ Datum: ____

Tauschaufgaben bis 10

Montag

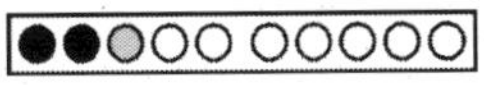	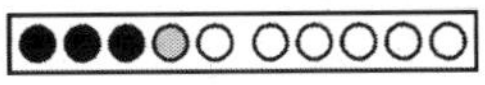	2 + 1 = __	0 + 2 = __
2 + 1 = __	3 + 1 = __	1 + 2 = __	2 + 0 = __
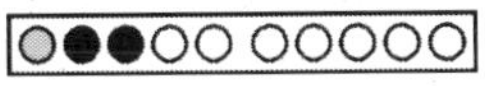		3 + 1 = __	4 + 0 = __
1 + 2 = __	__ + __ = __	1 + 3 = __	__ + __ = __

Dienstag

		2 + 3 = __	4 + 2 = __
4 + 2 = __	__ + __ = __	3 + 2 = __	__ + __ = __
		5 + 0 = __	1 + 4 = __
2 + 4 = __	__ + __ = __	0 + 5 = __	__ + __ = __

Mittwoch

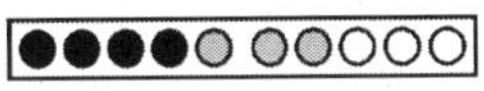		5 + 2 = __	2 + 5 = __
4 + 3 = __	__ + __ = __	2 + 5 = __	__ + __ = __
		7 + 1 = __	3 + 5 = __
3 + 4 = __	__ + __ = __	1 + 7 = __	__ + __ = __

Donnerstag

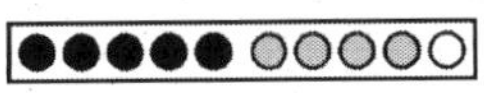		3 + 6 = __	1 + 9 = __
5 + 4 = __	__ + __ = __	6 + 3 = __	__ + __ = __
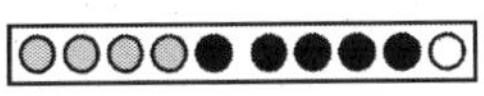		2 + 7 = __	6 + 4 = __
4 + 5 = __	__ + __ = __	7 + 2 = __	__ + __ = __

Freitag

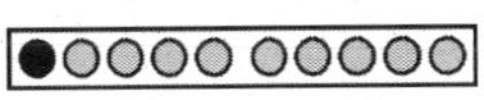	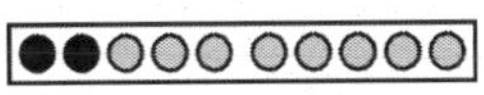	8 + 1 = __	9 + 0 = __
1 + 9 = __	__ + __ = __	1 + 8 = __	__ + __ = __
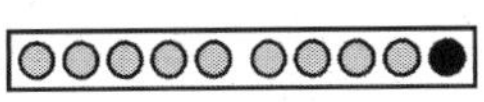	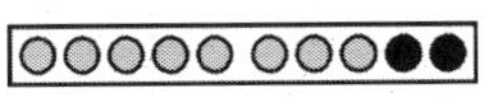	4 + 5 = __	7 + 3 = __
9 + 1 = __	__ + __ = __	5 + 4 = __	__ + __ = __

Name: ______________ Datum: ______________

Subtrahieren bis 10

Montag

3 – 2 = ___	3 – 1 = ___	2 – 2 = ___	1 – 0 = ___
2 – 1 = ___	3 – 2 = ___	3 – 2 = ___	3 – 2 = ___
1 – 1 = ___	2 – 0 = ___	3 – 3 = ___	2 – 1 = ___
3 – 0 = ___	2 – 1 = ___	3 – 0 = ___	3 – 3 = ___

Dienstag

4 – 1 = ___	4 – 2 = ___	4 – 3 = ___	5 – 5 = ___
3 – 2 = ___	5 – 3 = ___	4 – 0 = ___	5 – 0 = ___
5 – 2 = ___	3 – 0 = ___	5 – 4 = ___	4 – 4 = ___
5 – 1 = ___	5 – 4 = ___	3 – 1 = ___	4 – 3 = ___

Mittwoch

6 – 5 = ___	5 – 1 = ___	6 – 0 = ___	6 – 2 = ___
7 – 3 = ___	7 – 4 = ___	6 – 4 = ___	7 – 0 = ___
6 – 0 = ___	6 – 1 = ___	7 – 7 = ___	6 – 3 = ___
7 – 2 = ___	7 – 1 = ___	6 – 6 = ___	5 – 2 = ___

Donnerstag

8 – 7 = ___	8 – 1 = ___	9 – 4 = ___	8 – 6 = ___
9 – 6 = ___	8 – 2 = ___	9 – 3 = ___	9 – 8 = ___
8 – 5 = ___	9 – 2 = ___	9 – 7 = ___	8 – 3 = ___
9 – 5 = ___	9 – 6 = ___	8 – 4 = ___	9 – 1 = ___

Freitag

9 – 9 = ___	10 – 0 = ___	10 – 5 = ___	10 – 4 = ___
10 – 8 = ___	10 – 2 = ___	10 – 9 = ___	10 – 7 = ___
10 – 3 = ___	8 – 0 = ___	9 – 0 = ___	10 – 1 = ___
8 – 6 = ___	7 – 5 = ___	10 – 10 = ___	10 – 6 = ___

Name: ______ Datum: ______

Umkehraufgaben bis 10

Montag

3 —(−2)→ ☐ —(+2)→ 3   4 —(−2)→ ☐ —(+2)→ 4

2 —(+1)→ ☐ —(−1)→ 2   3 —(+1)→ ☐ —( )→ 3

4 − 0 = 4	3 − __ = 2
4 + 0 = __	2 + __ = 3
3 + 0 = __	1 + __ = 4
__ − 0 = __	__ − __ = __

Dienstag

6 —(−2)→ ☐ —(+2)→ 6   5 —(−3)→ ☐ —( )→ 5

3 —(+2)→ ☐ —(−2)→ 3   5 —(+1)→ ☐ —( )→ 5

6 − 3 = __	5 − __ = 1
__ + 3 = __	__ + __ = __
2 + 3 = __	6 + __ = 6
__ − 3 = __	__ − __ = __

Mittwoch

7 —(−2)→ ☐ —(+2)→ 7   8 —(−1)→ ☐ —( )→ 8

2 —(+6)→ ☐ —(−6)→ 2   4 —(+2)→ ☐ —( )→ 4

8 − 3 = __	7 − __ = 6
__ + 3 = __	__ + __ = __
4 + 3 = __	1 + __ = 8
__ − 3 = __	__ − __ = __

Donnerstag

9 —(−4)→ ☐ —(+4)→ 9   9 —(−1)→ ☐ —( )→ 9

3 —(+7)→ ☐ —(−7)→ 3   3 —(+6)→ ☐ —( )→ 3

9 − 6 = __	9 − __ = 9
__ + 6 = __	__ + __ = __
1 + 8 = __	7 + __ = 9
__ − 8 = __	__ − __ = __

Freitag

10 —(−4)→ ☐ —(+4)→ 10   10 —(−8)→ ☐ —( )→ 10

7 —(+3)→ ☐ —(−3)→ 7   1 —(+9)→ ☐ —( )→ 1

10 − 6 = __	10 − __ = 9
__ + 6 = __	__ + __ = __
5 + 5 = __	2 + __ = 10
__ − 5 = __	__ − __ = __

Name: Datum:

Ergänzen bis 10

Montag

1 + 1 = 2	___ + 2 = 3	1 + 1 + ___ = 3	___ + 1 + 1 = 3
2 + ___ = 3	___ + 3 = 4	0 + 2 + ___ = 4	___ + 2 + 0 = 4
2 + ___ = 4	___ + 1 = 2	1 + 2 + ___ = 4	___ + 0 + 0 = 1
3 + ___ = 4	___ + 1 = 1	2 + 1 + ___ = 3	___ + 1 + 1 = 2

Dienstag

2 + ___ = 5	___ + 3 = 5	2 + 3 + ___ = 6	___ + 2 + 1 = 5
1 + ___ = 6	___ + 1 = 6	3 + 1 + ___ = 5	___ + 1 + 4 = 6
4 + ___ = 5	___ + 2 = 5	0 + 4 + ___ = 5	___ + 2 + 2 = 5
5 + ___ = 6	___ + 5 = 5	4 + 1 + ___ = 6	___ + 0 + 5 = 6

Mittwoch

5 + ___ = 7	___ + 2 = 7	5 + 1 + ___ = 8	___ + 6 + 1 = 8
6 + ___ = 8	___ + 5 = 8	2 + 4 + ___ = 7	___ + 2 + 1 = 7
4 + ___ = 7	___ + 1 = 7	3 + 3 + ___ = 8	___ + 4 + 3 = 8
2 + ___ = 8	___ + 7 = 8	1 + 6 + ___ = 8	___ + 2 + 2 = 7

Donnerstag

6 + ___ = 9	___ + 5 = 10	5 + 3 + ___ = 9	___ + 4 + 1 = 10
7 + ___ = 10	___ + 2 = 9	6 + 1 + ___ = 10	___ + 6 + 2 = 10
4 + ___ = 9	___ + 8 = 10	3 + 6 + ___ = 10	___ + 2 + 2 = 9
2 + ___ = 10	___ + 3 = 9	5 + 0 + ___ = 9	___ + 6 + 0 = 9

Freitag

9 + ___ = 10	___ + 5 = 10	5 + 4 + ___ = 10	___ + 2 + 5 = 10
8 + ___ = 10	___ + 4 = 10	2 + 3 + ___ = 10	___ + 1 + 1 = 10
7 + ___ = 10	___ + 3 = 10	6 + 2 + ___ = 10	___ + 3 + 2 = 10
6 + ___ = 10	___ + 2 = 10	4 + 4 + ___ = 10	___ + 3 + 3 = 10

Name: [ ] Datum: [ ]

Zahlenmauern bis 10

Montag

[ ]
[2] [ ]
[1] [1] [1]

[ ]
[2] [ ]
[ ] [1] [0]

[ ]
[ ] [2]
[0] [ ] [1]

[ ]
[2] [2]
[ ] [0] [ ]

Dienstag

[ ]
[ ] [ ]
[1] [1] [2]

[ ]
[3] [ ]
[ ] [2] [1]

[ ]
[ ] [4]
[1] [ ] [3]

[ ]
[2] [3]
[ ] [0] [ ]

Mittwoch

[ ]
[ ] [ ]
[1] [3] [1]

[ ]
[5] [ ]
[ ] [1] [1]

[ ]
[ ] [1]
[5] [ ] [0]

[ ]
[5] [3]
[ ] [2] [ ]

Donnerstag

[ ]
[ ] [ ]
[8] [0] [1]

[ ]
[5] [ ]
[ ] [3] [1]

[ ]
[ ] [5]
[4] [ ] [4]

[ ]
[5] [5]
[ ] [0] [ ]

Freitag

[ ]
[ ] [ ]
[3] [3] [1]

[ ]
[6] [ ]
[ ] [2] [2]

[ ]
[ ] [3]
[5] [ ] [1]

[ ]
[5] [5]
[ ] [2] [ ]

Name: ______ Datum: ______

Aufgabenfamilien bis 10

Montag

1 2 3	2 3 5	1 4 5	1 3
1+2=3	2 + 3 =	1 + 4 =	1 + 3 =
2+1=	3 + =	+ 1 =	+ =
3−1=	5 − =	− 1 =	− =
3−2=	5 − =	− 4 =	− =

Dienstag

1 5 6	4 2 6	3 4 7	6 1
1+5=	4 + =	+ 4 =	+ =
5+1=	2 + =	+ 3 =	+ =
6−1=	6 − =	− 3 =	− =
6−5=	6 − =	− 4 =	− =

Mittwoch

2 5 7	1 7 8	3 5 8	2 6
2+5=	1 + =	+ 5 =	+ =
5+2=	7 + =	+ 3 =	+ =
7−2=	8 − =	− 3 =	− =
7−5=	8 − =	− 5 =	− =

Donnerstag

6 3 9	4 5 9	7 2 9	1 8
6+3=	4 + =	+ 2 =	+ =
3+6=	5 + =	+ 7 =	+ =
9−6=	9 − =	− 7 =	− =
9−3=	9 − =	− 2 =	− =

Freitag

4 6 10	8 2 10	3 7 10	9 1
4+6=	8 + =	+ 7 =	+ =
6+4=	2 + =	+ 3 =	+ =
10−4=	10− =	− 3 =	− =
10−6=	10− =	− 7 =	− =

Name: ______ Datum: ______

Mengen bis 20 erkennen und notieren

Montag

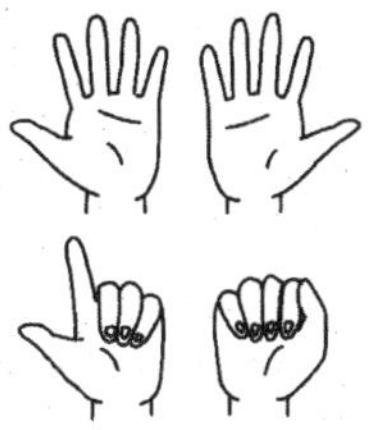

___ Finger ___

12

Z	E

___ Z ___ E

___ elf

Dienstag

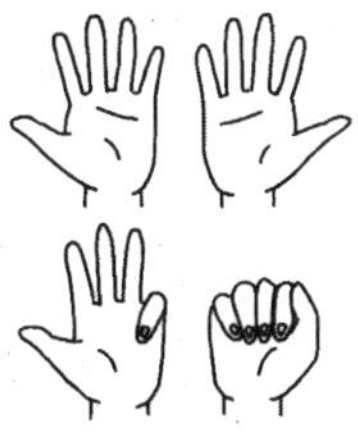

___ Finger ___

13

Z	E

___ Z ___ E

___ dreizehn

Mittwoch

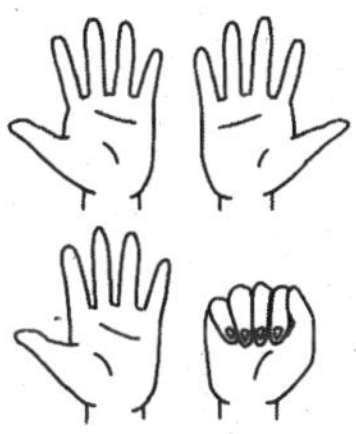

___ Finger ___

16

Z	E

___ Z ___ E

___ fünfzehn

Donnerstag

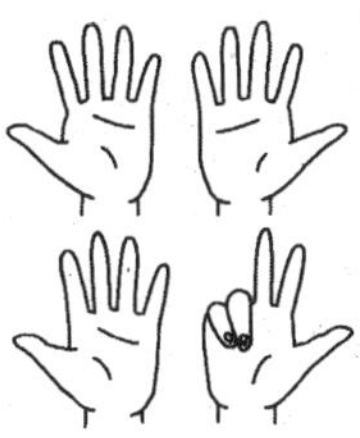

___ Finger ___

17

Z	E

___ Z ___ E

___ siebzehn

Freitag

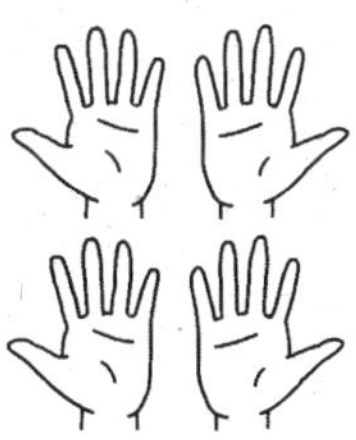

___ Finger ___

19

Z	E

___ Z ___ E

___ neunzehn

Name: ______ Datum: ______

Zahlenfolgen bis 20

Montag

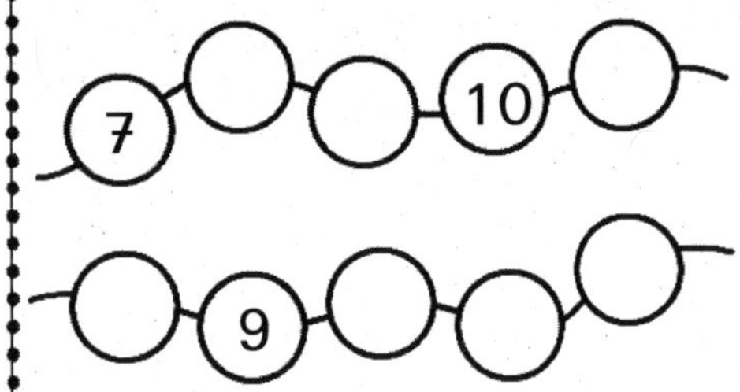

0	1	
10		12

Immer 2er-Schritte.

1, 3, 5, ___, ___, ___

Dienstag

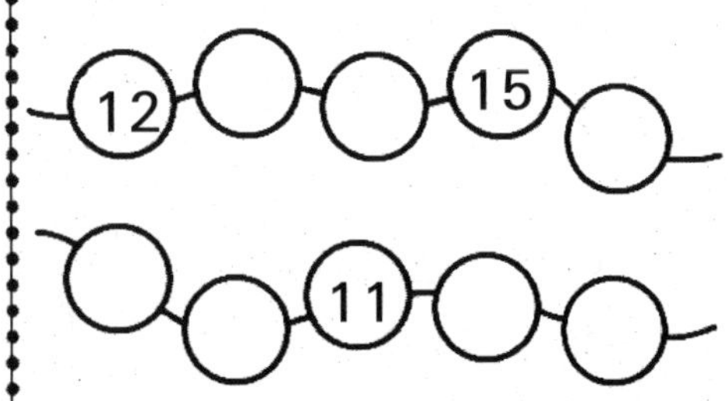

	2	
		13

Immer 2er-Schritte.

4, 6, ___, ___, ___

Mittwoch

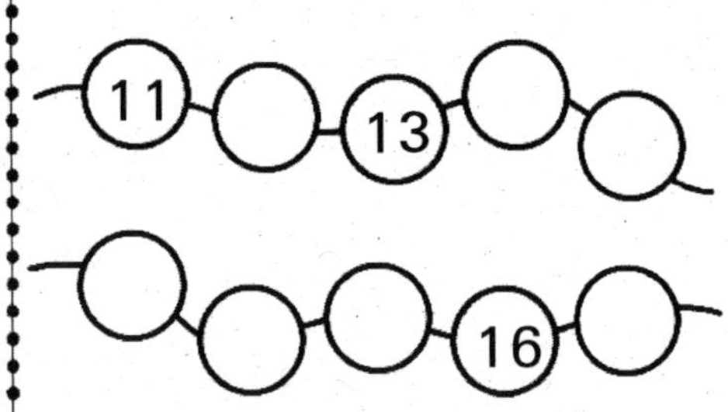

		6
	15	

Immer 2er-Schritte.

___, 7, ___, 11, ___, ___

Donnerstag

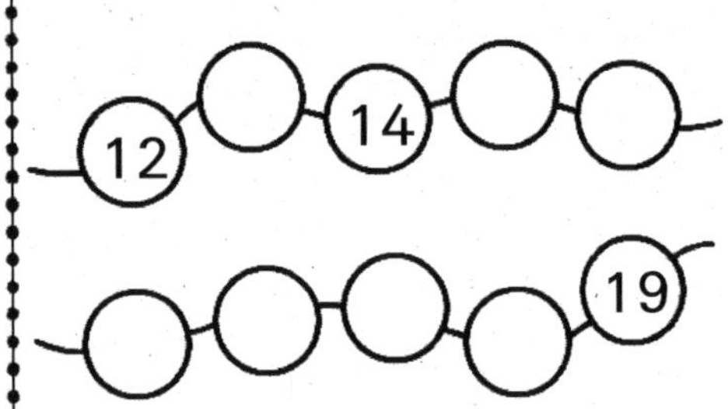

6		
	17	

Immer 2er-Schritte.

___, 10, 12, ___, ___, ___

Freitag

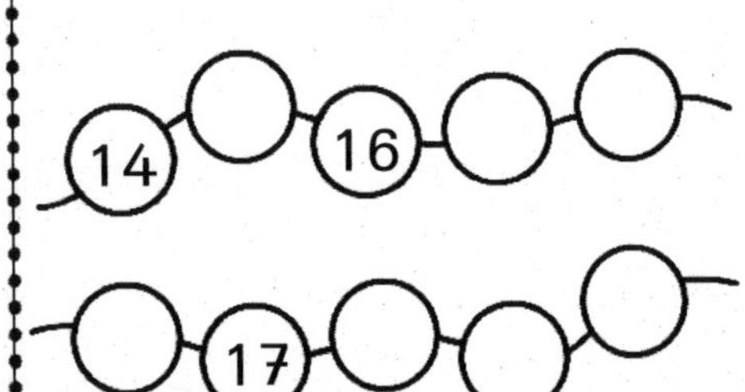

		10
18		

Immer 2er-Schritte.

___, ___, ___, ___, 17, 19

Name: ____________ Datum: ____________

Größer (>), kleiner (<) oder gleich (=) bis 20

Montag

12 (>) 10	9 < ___	8 + 2 ◯ 11	12 ◯ 10 − 6
11 ◯ 11	11 = ___	10 + 2 ◯ 12	11 ◯ 12 − 1
11 ◯ 7	12 > ___	11 − 1 ◯ 11	12 ◯ 6 + 6
3 ◯ 12	8 < ___	10 − 4 ◯ 12	11 ◯ 4 + 5

Dienstag

14 ◯ 13	13 > ___	8 + 2 ◯ 14	13 ◯ 14 − 1
12 ◯ 13	7 > ___	9 − 8 ◯ 13	14 ◯ 10 + 5
14 ◯ 11	14 = ___	11 + 3 ◯ 13	13 ◯ 10 − 7
14 ◯ 14	14 < ___	12 − 2 ◯ 14	14 ◯ 7 + 7

Mittwoch

16 ◯ 13	15 > ___	3 + 13 ◯ 16	16 ◯ 10 + 7
15 ◯ 11	16 = ___	16 − 6 ◯ 15	15 ◯ 8 − 7
12 ◯ 16	9 < ___	11 + 5 ◯ 15	15 ◯ 13 + 3
3 ◯ 13	13 < ___	10 − 6 ◯ 16	16 ◯ 18 − 8

Donnerstag

17 ◯ 18	18 > ___	9 + 9 ◯ 18	18 ◯ 9 + 9
18 ◯ 12	11 < ___	10 − 8 ◯ 18	17 ◯ 11 + 7
18 ◯ 18	17 = ___	12 + 4 ◯ 17	18 ◯ 18 − 1
9 ◯ 17	15 < ___	15 − 3 ◯ 17	17 ◯ 16 − 5

Freitag

20 ◯ 20	20 = ___	10 + 10 ◯ 20	20 ◯ 18 − 2
18 ◯ 19	17 < ___	11 + 8 ◯ 20	19 ◯ 16 + 3
12 ◯ 20	19 < ___	19 − 1 ◯ 20	20 ◯ 12 + 8
19 ◯ 13	15 > ___	20 − 2 ◯ 19	19 ◯ 19 − 0

Name: ________ Datum: ________

Kleine und große Aufgaben bis 20 addieren

Montag

1 + 5 = ___	1 + 7 = ___	1 + 3 = ___	1 + ___ = 5
11 + 5 = ___	11 + 7 = ___	11 + 3 = ___	11 + ___ = 15
2 + 7 = ___	2 + 3 = ___	___ + ___ = ___	2 + ___ = 8
12 + 7 = ___	___ + ___ = ___	11 + 9 = ___	___ + ___ = ___

Dienstag

4 + 6 = ___	1 + 8 = ___	___ + ___ = ___	3 + ___ = 6
14 + 6 = ___	___ + ___ = ___	14 + 5 = ___	___ + ___ = ___
3 + 5 = ___	3 + 6 = ___	___ + ___ = ___	4 + ___ = 5
13 + 5 = ___	___ + ___ = ___	11 + 7 = ___	___ + ___ = ___

Mittwoch

6 + 2 = ___	6 + 3 = ___	___ + ___ = ___	5 + ___ = 7
16 + 2 = ___	___ + ___ = ___	16 + 1 = ___	___ + ___ = ___
5 + 5 = ___	4 + 6 = ___	___ + ___ = ___	6 + ___ = 10
15 + 5 = ___	___ + ___ = ___	13 + 4 = ___	___ + ___ = ___

Donnerstag

7 + 3 = ___	7 + 1 = ___	___ + ___ = ___	7 + ___ = 9
17 + 3 = ___	___ + ___ = ___	17 + 2 = ___	___ + ___ = ___
9 + 1 = ___	2 + 5 = ___	___ + ___ = ___	6 + ___ = 7
19 + 1 = ___	___ + ___ = ___	12 + 6 = ___	___ + ___ = ___

Freitag

5 + 2 = ___	2 + 7 = ___	___ + ___ = ___	1 + ___ = 9
15 + 2 = ___	___ + ___ = ___	13 + 4 = ___	___ + ___ = ___
4 + 5 = ___	2 + 4 = ___	___ + ___ = ___	6 + ___ = 8
14 + 5 = ___	___ + ___ = ___	15 + 3 = ___	___ + ___ = ___

Name: ___ Datum: ___

Kleine und große Aufgaben bis 20 subtrahieren

Montag

2 − 1 = ___	3 − 2 = ___	5 − 3 = ___	10 − ___ = 5
12 − 1 = ___	13 − 2 = ___	15 − 3 = ___	20 − ___ = 15
7 − 2 = ___	8 − 2 = ___	___ − ___ = ___	9 − ___ = 8
17 − 2 = ___	___ − ___ = ___	19 − 2 = ___	___ − ___ = ___

Dienstag

6 − 5 = ___	6 − 4 = ___	___ − ___ = ___	9 − ___ = 4
16 − 5 = ___	___ − ___ = ___	14 − 2 = ___	___ − ___ = ___
6 − 3 = ___	9 − 3 = ___	___ − ___ = ___	5 − ___ = 5
16 − 3 = ___	___ − ___ = ___	18 − 5 = ___	___ − ___ = ___

Mittwoch

4 − 1 = ___	7 − 2 = ___	___ − ___ = ___	7 − ___ = 4
14 − 1 = ___	___ − ___ = ___	16 − 4 = ___	___ − ___ = ___
8 − 5 = ___	8 − 4 = ___	___ − ___ = ___	5 − ___ = 4
18 − 5 = ___	___ − ___ = ___	20 − 6 = ___	___ − ___ = ___

Donnerstag

7 − 3 = ___	7 − 5 = ___	___ − ___ = ___	7 − ___ = 1
17 − 3 = ___	___ − ___ = ___	13 − 2 = ___	___ − ___ = ___
9 − 1 = ___	9 − 3 = ___	___ − ___ = ___	9 − ___ = 8
19 − 1 = ___	___ − ___ = ___	17 − 5 = ___	___ − ___ = ___

Freitag

5 − 2 = ___	10 − 3 = ___	___ − ___ = ___	10 − ___ = 9
15 − 2 = ___	___ − ___ = ___	19 − 7 = ___	___ − ___ = ___
5 − 4 = ___	7 − 1 = ___	___ − ___ = ___	6 − ___ = 1
15 − 4 = ___	___ − ___ = ___	18 − 2 = ___	___ − ___ = ___

Name: Datum:

Rechentabellen bis 20 ohne Zehnerübergang

Montag

+	1	14	4
5	6		
4			
3			
2			

–	13	4	10
18			
19			
15			
17			

–	2	15	12
18			6
19			
15			
	15		

Dienstag

+	3	2	5
3			
10			
4			
2			

–	5	1	4
16			
17			
15			
18			

+	1	7	
3			6
		9	
12			
1			

Mittwoch

+	2	5	4
2			
5			
11			
1			

–	4	15	16
19			
17			
16			
18			

–	4		1
19			
17		6	
16			
	14		

Donnerstag

+	3	2	1
5			
3			
1			
11			

–	1	10	5
16			
15			
17			
19			

–	14	10	
19			3
17			
	2		
18			

Freitag

+	3	13	5
5			
2			
3			
1			

–	15	12	13
19			
17			
15			
16			

+	1	13	
4			
	4		
5			9
2			

Name: ____________ Datum: ____________

Addieren bis 20 ohne Zehnerübergang

Montag

11 + 6 = 17	18 = 11 + 7	11 + 7 = 18	11 + 3 (<) 20
12 + 4 = ___	13 = 12 + ___	4 + ___ = 16	12 + 7 ○ 18
11 + 2 = ___	19 = 11 + ___	12 + ___ = 16	11 + 1 ○ 15
12 + 8 = ___	20 = 12 + ___	4 + ___ = 15	12 + 7 ○ 19
11 + 0 = ___	14 = 12 + ___	11 + ___ = 19	

Dienstag

13 + 4 = ___	20 = 13 + ___	13 + ___ = 20	13 + 2 ○ 19
14 + 6 = ___	15 = 14 + ___	4 + ___ = 17	14 + 5 ○ 20
13 + 0 = ___	19 = 13 + ___	2 + ___ = 15	13 + 6 ○ 16
13 + 7 = ___	17 = 14 + ___	14 + ___ = 18	14 + 4 ○ 11
14 + 3 = ___	16 = 10 + ___	13 + ___ = 13	

Mittwoch

15 + 3 = ___	19 = 15 + ___	15 + ___ = 20	15 + 0 ○ 20
16 + 0 = ___	17 = 16 + ___	2 + ___ = 17	16 + 3 ○ 19
15 + 1 = ___	20 = 15 + ___	0 + ___ = 15	15 + 1 ○ 18
16 + 4 = ___	16 = 16 + ___	16 + ___ = 18	16 + 4 ○ 12
15 + 5 = ___	18 = 15 + ___	3 + ___ = 16	

Donnerstag

17 + 2 = ___	20 = 17 + ___	18 + ___ = 20	17 + 2 ○ 14
18 + 0 = ___	19 = 18 + ___	17 + ___ = 17	18 + 1 ○ 12
17 + 1 = ___	20 = 19 + ___	2 + ___ = 19	17 + 0 ○ 10
18 + 2 = ___	18 = 17 + ___	1 + ___ = 18	18 + 2 ○ 20
17 + 3 = ___	20 = 18 + ___	18 + ___ = 19	

Freitag

19 + 0 = ___	20 = 19 + ___	19 + ___ = 20	20 + 0 ○ 20
20 + 0 = ___	19 = 19 + ___	19 + ___ = 19	19 + 1 ○ 12
19 + 1 = ___	20 = 20 + ___	0 + ___ = 19	0 + 20 ○ 10
1 + 19 = ___	20 = 0 + ___	1 + ___ = 20	19 + 0 ○ 5
0 + 20 = ___	20 = 1 + ___	0 + ___ = 20	

Name: ______ Datum: ______

Subtrahieren bis 20 ohne Zehnerübergang

Montag

11 − 1 = 10	11 = 16 − 5	17 − 5 = 12	18 − 0 (>) 11
12 − 2 = ___	12 = 20 − ___	13 − ___ = 11	20 − 2 ◯ 12
12 − 1 = ___	11 = 13 − ___	19 − ___ = 12	11 − 1 ◯ 12
12 − 0 = ___	12 = 19 − ___	15 − ___ = 11	17 − 7 ◯ 11
11 − 0 = ___	11 = 11 − ___	20 − ___ = 12	

Dienstag

13 − 2 = ___	13 = 17 − ___	16 − ___ = 13	13 − 3 ◯ 14
14 − 1 = ___	13 = 20 − ___	19 − ___ = 14	16 − 2 ◯ 14
13 − 0 = ___	14 = 15 − ___	18 − ___ = 14	19 − 6 ◯ 13
13 − 3 = ___	13 = 16 − ___	15 − ___ = 13	15 − 3 ◯ 14
14 − 2 = ___	14 = 19 − ___	20 − ___ = 13	

Mittwoch

15 − 4 = ___	15 = 19 − ___	19 − ___ = 15	15 − 0 ◯ 15
16 − 2 = ___	16 = 17 − ___	18 − ___ = 16	19 − 4 ◯ 16
15 − 2 = ___	16 = 16 − ___	17 − ___ = 15	20 − 9 ◯ 15
16 − 5 = ___	15 = 20 − ___	20 − ___ = 16	18 − 2 ◯ 16
15 − 0 = ___	15 = 18 − ___	16 − ___ = 15	

Donnerstag

17 − 0 = ___	17 = 20 − ___	20 − ___ = 17	20 − 0 ◯ 17
18 − 7 = ___	17 = 18 − ___	18 − ___ = 17	12 − 2 ◯ 18
17 − 6 = ___	18 = 20 − ___	19 − ___ = 18	20 − 2 ◯ 18
18 − 3 = ___	18 = 19 − ___	20 − ___ = 18	19 − 5 ◯ 17
17 − 5 = ___	17 = 17 − ___	17 − ___ = 17	

Freitag

20 − 2 = ___	19 = 16 + 4 − ___	20 − ___ + 10 = 20	20 − 3 ◯ 20
19 − 3 = ___	19 = 20 + 0 − ___	20 − ___ + 0 = 20	20 − 1 ◯ 19
20 − 8 = ___	20 = 20 + 0 − ___	20 − ___ + 0 = 19	20 − 0 ◯ 20
20 − 9 = ___	19 = 13 + 7 − ___	20 − ___ + 14 = 19	20 − 4 ◯ 19
19 − 7 = ___	20 = 9 + 11 − ___	20 − ___ + 11 = 19	

Name: ____ Datum: ____

Addieren bis 20 mit Zehnerübergang – Stopp bei der 10

Montag

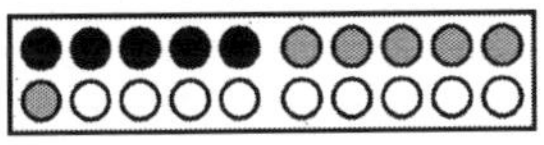

5 (+6) ☐
(+5) 10 (+1)

9 (+2) ☐
◯ ☐ ◯

4 (+7) ☐
◯ ☐ ◯

4 + 8 = ____
4 + 6 + 2 = ____

3 + 8 = ____
3 + ___ + ___ = ____

Dienstag

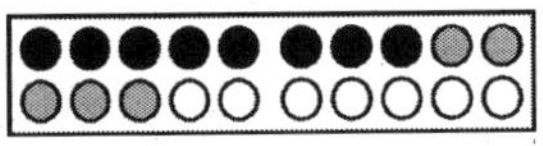

8 (+5) ☐
(+2) ☐ (+3)

3 (+9) ☐
◯ ☐ ◯

8 (+6) ☐
◯ ☐ ◯

7 + 6 = ____
7 + ___ + ___ = ____

9 + 5 = ____
9 + ___ + ___ = ____

Mittwoch

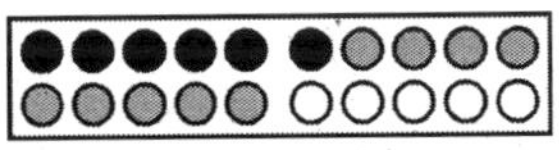

6 (+9) ☐
(+4) ☐ (+5)

9 (+7) ☐
◯ ☐ ◯

7 (+8) ☐
◯ ☐ ◯

8 + 8 = ____
8 + ___ + ___ = ____

8 + 9 = ____
8 + ___ + ___ = ____

Donnerstag

9 + 8 = ____
9 + ___ + ___ = ____

8 + 7 = ____
8 + ___ + ___ = ____

7 + 7 = ____
7 + ___ + ___ = ____

9 + 9 = ____
9 + ___ + ___ = ____

5 + 7 = ____
5 + ___ + ___ = ____

6 + 5 = ____
6 + ___ + ___ = ____

Freitag

7 + 4 = ____
7 + ___ + ___ = ____

4 + 9 = ____
4 + ___ + ___ = ____

6 + 8 = ____
6 + ___ + ___ = ____

5 + 6 = ____
5 + ___ + ___ = ____

6 + 6 = ____
6 + ___ + ___ = ____

9 + 5 = ____
9 + ___ + ___ = ____

Name: ____________ Datum: ____________

Subtrahieren bis 20 mit Zehnerübergang – Stopp bei der 10

Montag

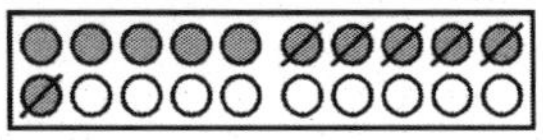

11 (−4) ☐ → ◯ ☐ ◯

11 − 9 = ___

11 − 1 − 8 = ___

11 (−6) ☐ → (−1) 10 (−5)

12 (−3) ☐ → ◯ ☐ ◯

12 − 8 = ___

12 − ___ − ___ = ___

Dienstag

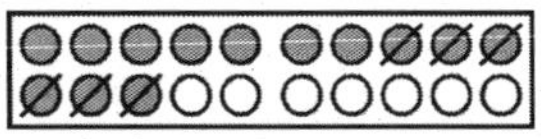

13 (−8) ☐ → ◯ ☐ ◯

13 − 9 = ___

13 − ___ − ___ = ___

13 (−6) ☐ → (−3) ☐ (−3)

14 (−7) ☐ → ◯ ☐ ◯

14 − 8 = ___

14 − ___ − ___ = ___

Mittwoch

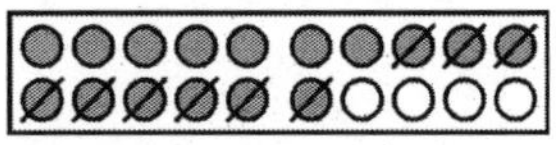

17 (−8) ☐ → ◯ ☐ ◯

15 − 6 = ___

15 − ___ − ___ = ___

16 (−9) ☐ → (−6) ☐ (−3)

15 (−7) ☐ → ◯ ☐ ◯

16 − 8 = ___

16 − ___ − ___ = ___

Donnerstag

14 − 6 = ___ | 13 − 7 = ___ | 11 − 7 = ___

14 − ___ − ___ = ___ | 13 − ___ − ___ = ___ | 11 − ___ − ___ = ___

12 − 9 = ___ | 11 − 8 = ___ | 15 − 8 = ___

12 − ___ − ___ = ___ | 11 − ___ − ___ = ___ | 15 − ___ − ___ = ___

Freitag

13 − 5 = ___ | 17 − 9 = ___ | 11 − 2 = ___

13 − ___ − ___ = ___ | 17 − ___ − ___ = ___ | 11 − ___ − ___ = ___

14 − 8 = ___ | 15 − 9 = ___ | 14 − 5 = ___

14 − ___ − ___ = ___ | 15 − ___ − ___ = ___ | 14 − ___ − ___ = ___

Name: ________ Datum: ________

Addieren bis 20 mit Zehnerübergang – Rechenstrategien

Montag

7 + 8 = ___	8 + 9 = ___	7 + 6 = ___	9 + 8 = ___
7 + 7 + 1 = ___	8 + __ + __ = ___	7 + 7 − 1 = ___	9 + __ − __ = ___
5 + 6 = ___	6 + 7 = ___	6 + 5 = ___	8 + 7 = ___
5 + 5 + 1 = ___	6 + __ + __ = ___	6 + 6 − 1 = ___	8 + __ − __ = ___

Dienstag

9 + 2 = ___	9 + 8 = ___	6 + 9 = ___	2 + 9 = ___
10 + 2 = ___	10 + 8 = ___	6 + 10 = ___	2 + 10 = ___
9 + 5 = ___	9 + 9 = ___	3 + 9 = ___	4 + 9 = ___
10 + 5 = ___	10 + 9 = ___	3 + 10 = ___	4 + 10 = ___

Mittwoch

8 + 6 = ___	6 + 4 = ___	7 + 5 = ___	9 + 7 = ___
8 + 7 = ___	6 + 5 = ___	7 + 6 = ___	9 + 8 = ___
8 + 8 = ___	**6 + 6 =** ___	**7 + 7 =** ___	**9 + 9 =** ___
8 + 9 = ___	6 + 7 = ___	7 + 8 = ___	9 + 10 = ___
8 + 10 = ___	6 + 8 = ___	7 + 9 = ___	9 + 11 = ___

Donnerstag

6 + 7 = ___	9 + 8 = ___	8 + 7 = ___
6 + 6 + 1 = ___	9 + __ − __ = ___	8 + 8 − 1 = ___
7 + 8 = ___	5 + 6 = ___	7 + 6 = ___
7 + __ + __ = ___	5 + __ + __ = ___	7 + __ − __ = ___

Freitag

3 + 9 = ___	7 + 8 = ___	5 + 6 = ___	4 + 9 = ___
8 + 5 = ___	3 + 8 = ___	8 + 6 = ___	8 + 7 = ___
9 + 4 = ___	8 + 9 = ___	9 + 3 = ___	2 + 9 = ___
5 + 9 = ___	9 + 6 = ___	5 + 7 = ___	6 + 8 = ___
7 + 6 = ___	5 + 8 = ___	4 + 8 = ___	4 + 7 = ___

Name: ____ Datum: ____

Subtrahieren bis 20 mit Zehnerübergang – Rechenstrategien

Montag

16 – 9 = ___	12 – 7 = ___	14 – 6 = ___	20 – 9 = ___
16 – 8 – 1 = ___	12 – ___ – ___ = ___	14 – 7 + 1 = ___	20 – ___ + ___ = ___
14 – 8 = ___	20 – 11 = ___	16 – 7 = ___	12 – 5 = ___
14 – 7 – 1 = ___	20 – ___ – ___ = ___	16 – 8 + 1 = ___	12 – ___ + ___ = ___

Dienstag

14 – 9 = ___	12 – 9 = ___	16 – 9 = ___	15 – 9 = ___
14 – 10 = ___	12 – 10 = ___	16 – 10 = ___	15 – 10 = ___
11 – 9 = ___	17 – 9 = ___	13 – 9 = ___	18 – 9 = ___
11 – 10 = ___	17 – 10 = ___	13 – 10 = ___	18 – 10 = ___

Mittwoch

14 – 5 = ___	12 – 4 = ___	16 – 6 = ___	18 – 7 = ___
14 – 6 = ___	12 – 5 = ___	16 – 7 = ___	18 – 8 = ___
14 – 7 = ___	**12 – 6 =** ___	**16 – 8 =** ___	**18 – 9 =** ___
14 – 8 = ___	12 – 7 = ___	16 – 9 = ___	18 – 10 = ___
14 – 9 = ___	12 – 8 = ___	16 – 10 = ___	18 – 11 = ___

Donnerstag

11 – 8 = ___	13 – 9 = ___	12 – 7 = ___	16 – 9 = ___
8 + ___ = 11	9 + ___ = 13	7 + ___ = 12	9 + ___ = 16
15 – 6 = ___	17 – 8 = ___	18 – 9 = ___	14 – 8 = ___
6 + ___ = 15	8 + ___ = 17	9 + ___ = 18	8 + ___ = 14

Freitag

16 – 8 = ___	14 – 7 = ___	16 – 7 = ___	13 – 8 = ___
15 – 7 = ___	11 – 9 = ___	12 – 8 = ___	12 – 6 = ___
13 – 9 = ___	18 – 9 = ___	11 – 6 = ___	16 – 9 = ___
12 – 5 = ___	13 – 7 = ___	17 – 9 = ___	12 – 9 = ___
11 – 2 = ___	12 – 7 = ___	15 – 9 = ___	15 – 6 = ___

Name:

Datum:

Rechenräder bis 20

Montag

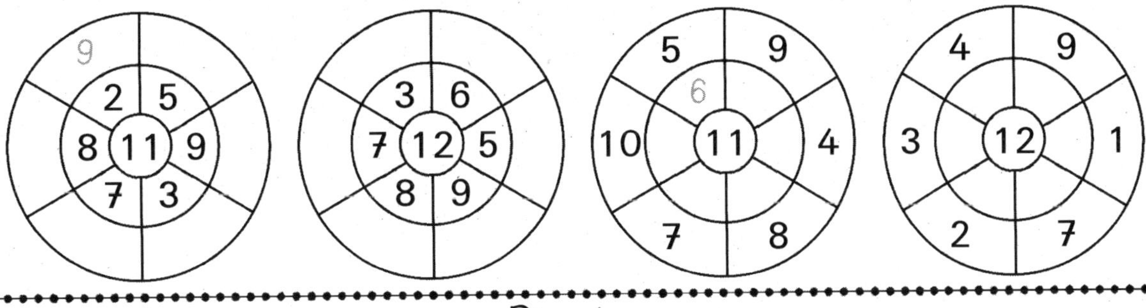

Dienstag

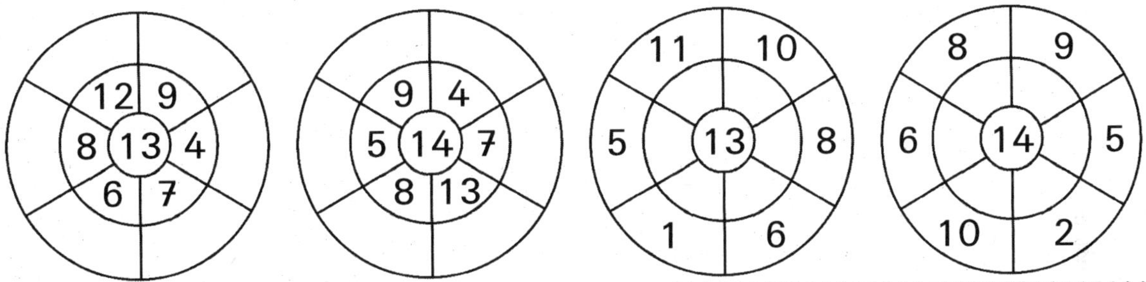

Mittwoch

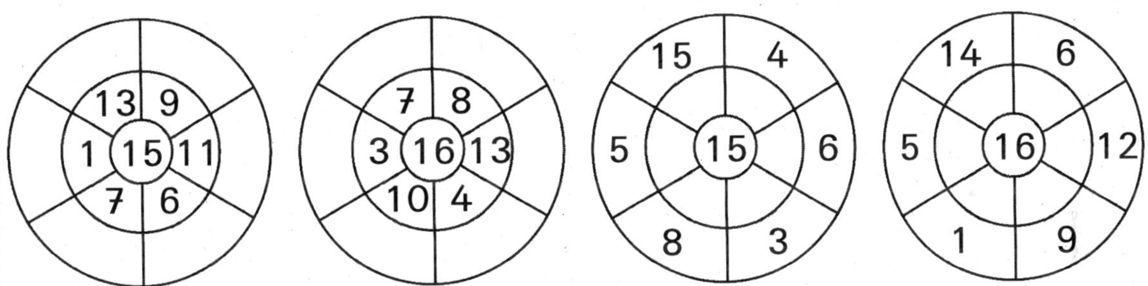

Donnerstag

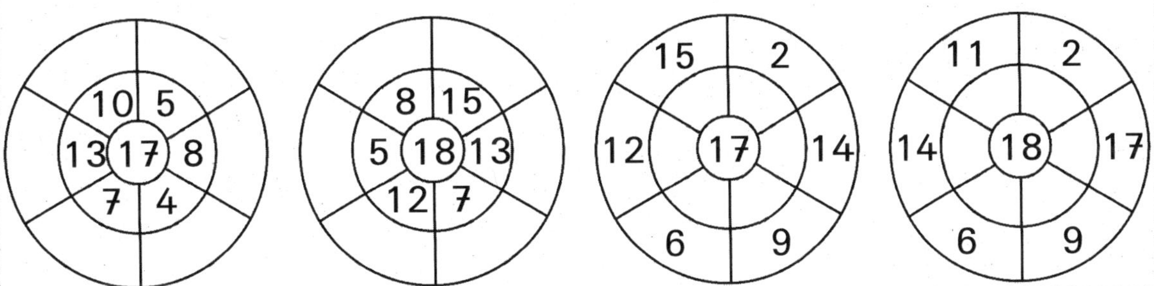

Freitag

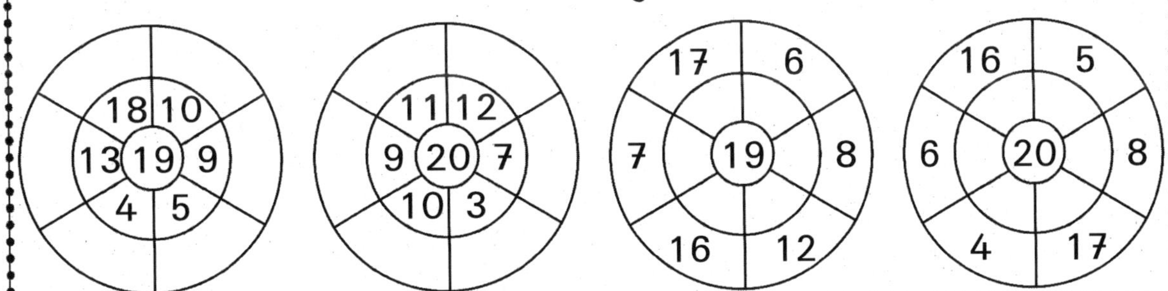

Lernbiene®

Name: ______ Datum: ______

Rechentabellen bis 20 mit Zehnerübergang

Montag

+	7	6	9
8	15		
5			
7			
6			

−	9	7	6
15			
12			
14			
13			

+	6	7	5
6			
8			
9			
7			

Dienstag

+	9	7	6
			14
7			
5			
9			

−	8	7	6
11			
12			
	7		
13			

−	9	7	5
14			
		5	
13			
11			

Mittwoch

−	8		9
12			
15		9	
14			
11			

−		9	8
15			
12			
11	4		
14			

+	5	8	
9			
7			
6			
8			14

Donnerstag

+	9	5	
	15		
8			16
7			
9			

−	6		7
14			
	6		
15		7	
11			

+		7	8
5			
9			
6	15		
		15	

Freitag

−			6
14	5	7	
15			
11			
12			

+		8	
8			
5	12		
6			12
9			

−	7	8	9
	4		
			6
14			
12			

Name: Datum:

Rechendreiecke bis 20

Montag

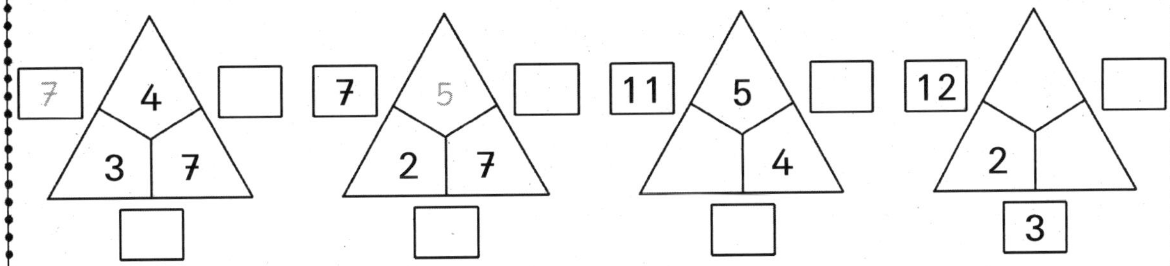

Dienstag

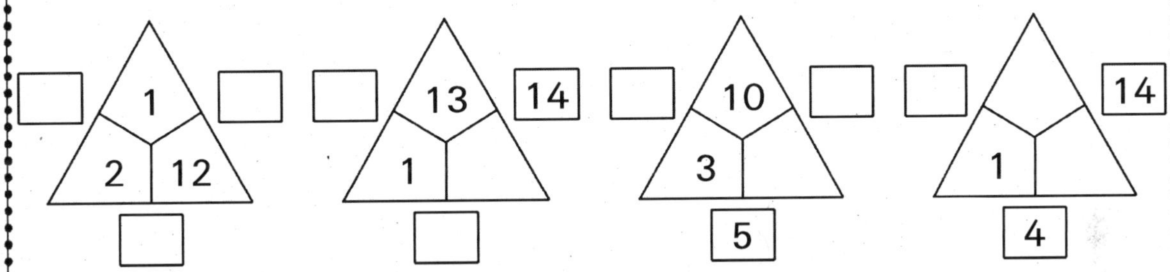

Mittwoch

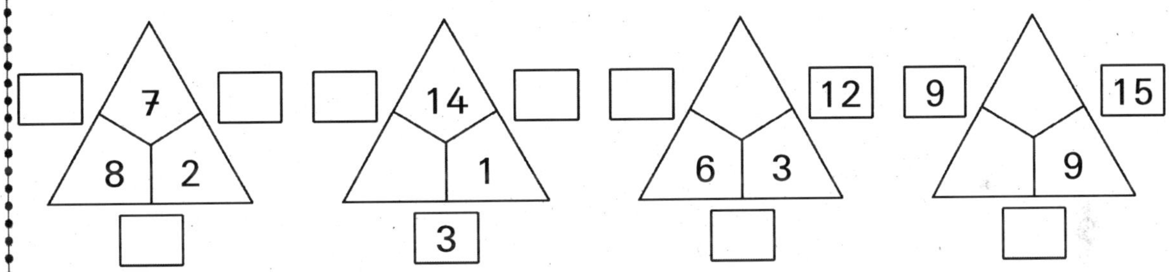

Donnerstag

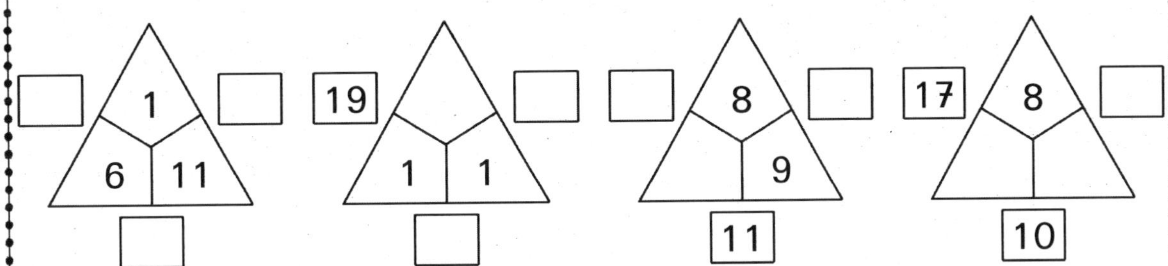

Freitag

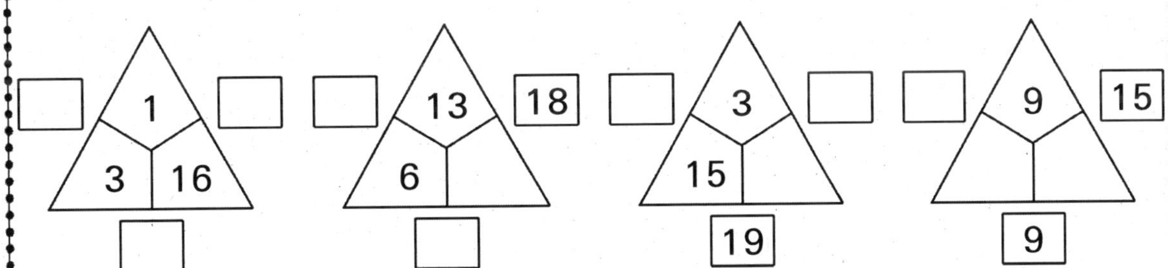

Name: Datum:

Ergänzen bis 20

Montag

4 + 7 = 11	11 − 5 = 6	___ + 3 = 11	11 − ___ = 3
6 + ___ = 12	12 − ___ = 5	___ + 7 = 12	___ − 5 = 6
3 + ___ = 12	11 − ___ = 8	___ + 9 = 11	12 − ___ = 8
5 + ___ = 11	12 − ___ = 7	___ + 4 = 12	___ − 9 = 3
2 + ___ = 12	11 − ___ = 4	___ + 5 = 11	11 − ___ = 5

Dienstag

6 + ___ = 13	13 − ___ = 6	___ + 9 = 13	14 − ___ = 12
5 + ___ = 14	14 − ___ = 9	___ + 6 = 14	___ − 8 = 5
9 + ___ = 13	13 − ___ = 4	___ + 8 = 13	13 − ___ = 6
7 + ___ = 14	14 − ___ = 8	___ + 5 = 14	___ − 1 = 13
8 + ___ = 13	13 − ___ = 7	___ + 6 = 13	14 − ___ = 7

Mittwoch

8 + ___ = 15	15 − ___ = 5	___ + 12 = 15	15 − ___ = 3
7 + ___ = 16	16 − ___ = 9	___ + 10 = 16	___ − 13 = 2
6 + ___ = 15	15 − ___ = 8	___ + 8 = 15	16 − ___ = 9
9 + ___ = 16	16 − ___ = 13	___ + 9 = 16	___ − 9 = 7
9 + ___ = 15	15 − ___ = 7	___ + 7 = 15	15 − ___ = 11

Donnerstag

4 + ___ = 17	17 − ___ = 9	___ + 15 = 17	17 − ___ = 12
9 + ___ = 18	18 − ___ = 4	___ + 5 = 18	___ − 9 = 8
8 + ___ = 17	17 − ___ = 12	___ + 14 = 17	18 − ___ = 11
3 + ___ = 18	18 − ___ = 15	___ + 16 = 18	___ − 3 = 15
6 + ___ = 17	17 − ___ = 8	___ + 6 = 17	17 − ___ = 13

Freitag

4 + ___ = 19	19 − ___ = 8	___ + 11 = 19	19 − ___ = 12
7 + ___ = 20	20 − ___ = 11	___ + 7 = 20	___ − 3 = 17
2 + ___ = 19	19 − ___ = 13	___ + 3 = 19	20 − ___ = 8
6 + ___ = 20	20 − ___ = 9	___ + 15 = 20	___ − 6 = 14
8 + ___ = 19	19 − ___ = 15	___ + 12 = 19	19 − ___ = 11

Name: ______ Datum: ______

Rechenketten bis 20

Montag

4 → (+3) → 7 → (+5) → 12	15 → (−6) → 9 → (−4) → 5	3 → ( ) → 5 → ( ) → 11
6 → ( ) → 11 → ( ) → 14	17 → ( ) → 15 → ( ) → 7	3 → ( ) → 9 → ( ) → 18
5 → ( ) → 13 → ( ) → 17	11 → ( ) → 8 → ( ) → 1	3 → ( ) → 11 → ( ) → 14

Dienstag

6 → (+7) → ☐ → (+5) → ☐	2 → (+8) → ☐ → (+7) → ☐	3 → (+6) → ☐ → (+7) → ☐
2 → (+9) → ☐ → (+5) → ☐	3 → (+6) → ☐ → (+9) → ☐	6 → (+1) → ☐ → (+8) → ☐
2 → (+5) → ☐ → (+6) → ☐	1 → (+7) → ☐ → (+9) → ☐	5 → (+3) → ☐ → (+6) → ☐

Mittwoch

19 → (−8) → ☐ → (−7) → ☐	19 → (−3) → ☐ → (−8) → ☐	15 → (−3) → ☐ → (−6) → ☐
20 → (−5) → ☐ → (−6) → ☐	20 → (−2) → ☐ → (−9) → ☐	16 → (−2) → ☐ → (−9) → ☐
19 → (−5) → ☐ → (−7) → ☐	18 → (−3) → ☐ → (−7) → ☐	20 → (−8) → ☐ → (−6) → ☐

Donnerstag

5 → (+6) → ☐ → ( ) → 17	17 → (−6) → ☐ → ( ) → 4	2 → (+6) → ☐ → ( ) → 17
4 → (+5) → ☐ → ( ) → 15	19 → (−3) → ☐ → ( ) → 8	6 → (+3) → ☐ → ( ) → 15
3 → (+4) → ☐ → ( ) → 12	15 → (−1) → ☐ → ( ) → 6	7 → (+1) → ☐ → ( ) → 13

Freitag

17 → (−4) → ☐ → ( ) → 17	8 → ( ) → 12 → (−7) → ☐	13 → ( ) → 8 → (+9) → ☐
19 → ( ) → 10 → (+9) → ☐	6 → (+5) → ☐ → ( ) → 8	6 → (+5) → ☐ → ( ) → 2
17 → (−7) → ☐ → ( ) → 9	9 → ( ) → 16 → ( ) → 8	20 → ( ) → 9 → (+4) → ☐

Name: Datum:

Addieren und Subtrahieren bis 20 – Wiederholung (1)

Montag

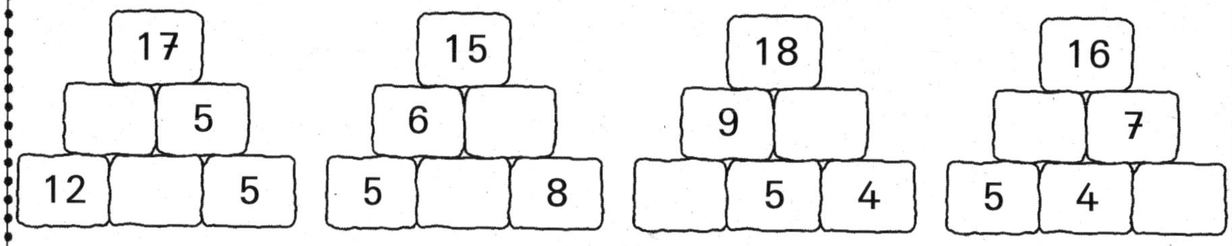

Dienstag

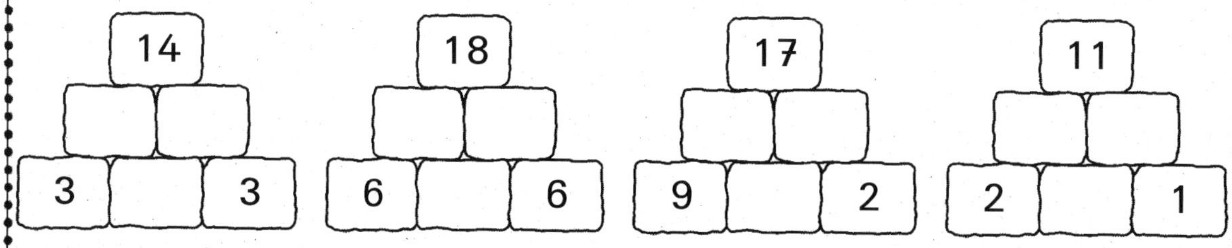

Mittwoch

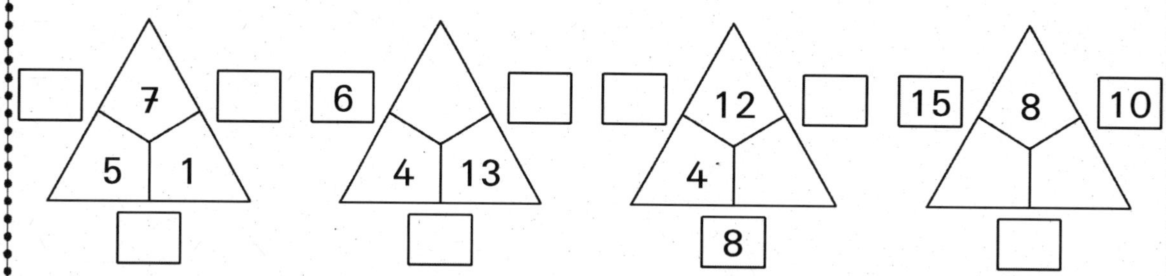

Donnerstag

+	5	8	14
5			
4			
3			
1			

–	4	8	13
19			
17			
14			
15			

+	4	3	7
5			
10			
7			
		12	

Freitag

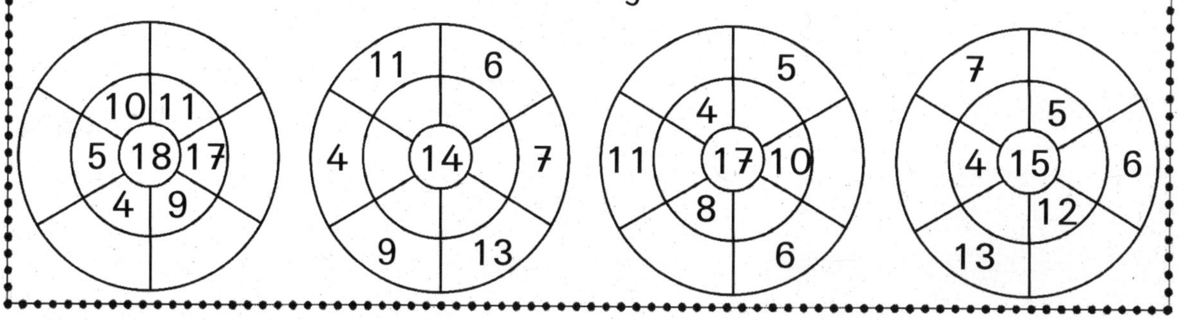

Name: ____________ Datum: ____________

Addieren und Subtrahieren bis 20 – Wiederholung (2)

Montag

6 7 13	8 9 17	7 8 15	4 8 ___
6 + 7 =	8 + =	+ 8 =	+ =
7 + 6 =	9 + =	+ 7 =	+ =
13 − 6 =	17 − =	− 7 =	− =
13 − 7 =	17 − =	− 8 =	− =

Dienstag

9 + 8 = ___	6 + 7 = ___	8 + 5 = ___	5 + 5 = ___
7 + 9 = ___	7 + 8 = ___	9 + 8 = ___	6 + 6 = ___
9 + 5 = ___	5 + 6 = ___	7 + 6 = ___	7 + 7 = ___
3 + 9 = ___	8 + 7 = ___	5 + 8 = ___	8 + 8 = ___
9 + 6 = ___	6 + 8 = ___	9 + 7 = ___	9 + 9 = ___

Mittwoch

12 − 9 = ___	14 − 8 = ___	13 − 8 = ___	16 − 6 = ___
13 − 9 = ___	16 − 7 = ___	8 + ___ = 13	16 − 7 = ___
17 − 9 = ___	15 − 8 = ___		**16 − 8 =** ___
15 − 9 = ___	12 − 7 = ___	18 − 9 = ___	16 − 9 = ___
11 − 9 = ___	17 − 8 = ___	9 + ___ = 18	16 − 10 = ___

Donnerstag

	19
13	7
20	

1	17
7	
	12

13	2
7	
10	

	0
4	
11	6

Freitag

17 + 3 = ___	16 − 5 = ___	18 + 2 = ___	14 − 3 = ___
16 − 7 = ___	8 + 12 = ___	20 − 6 = ___	2 + 14 = ___
12 + 8 = ___	18 − 5 = ___	14 + 3 = ___	19 − 4 = ___
11 − 4 = ___	2 + 17 = ___	19 − 7 = ___	7 + 11 = ___
14 + 6 = ___	14 − 4 = ___	15 + 4 = ___	18 − 3 = ___

Mengen bis 10 erkennen und Zahlen zuordnen

Montag

1	4	3	2

Dienstag

6	3	4	5

Mittwoch

6	5	4	8

Donnerstag

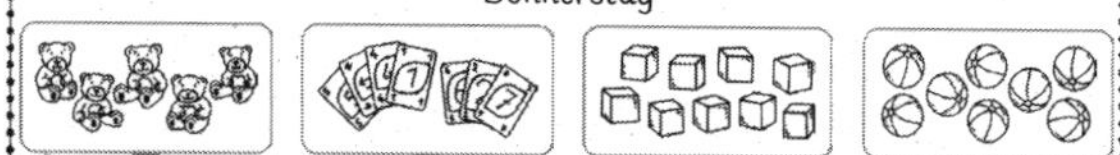

9	7	5	8

Freitag

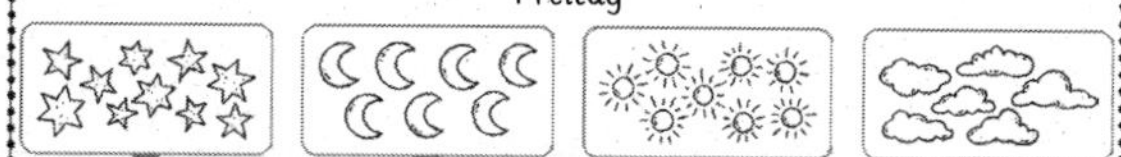

7	10	6	8

Mengen bis 10 erkennen und notieren

Montag

IIII 4	III 3	I 1	卌 5

Dienstag

III 3	IIII 4	卌 I 6	卌 5

Mittwoch

IIII 4	卌 II 7	卌 I 6	卌 5

Donnerstag

卌 I 6	卌 IIII 9	卌 II 7	卌 III 8

Freitag

卌 卌 10	卌 I 6	卌 III 8	卌 IIII 9

Zahlen zerlegen bis 10 mit Würfelbildern

Montag	(2) 1 + 1	(3) 2 + 1	(2) 0 + 2	(3) 2 + 1
Dienstag	(4) 3 + 1	(5) 2 + 3	(4) 3 + 1	(5) 0 + 5
Mittwoch	(6) 4 + 2	(7) 2 + 5	(6) 3 + 3	(7) 2 + 5
Donnerstag	(8) 5 + 3	(9) 6 + 3	(8) 6 + 2	(9) 5 + 4
Freitag	(9) 3 + 6	(10) 5 + 5	(9) 4 + 5	(10) 4 + 6

Zahlen zerlegen bis 10 mit der Schüttelbox

Montag	2: 1 + 1	3: 1 + 2	2: 1 + 1	3: 2 + 1
Dienstag	4: 3 + 1	5: 4 + 1	5: 1 + 4	4: 2 + 2
Mittwoch	6: 4 + 2	7: 2 + 5	6: 3 + 3	7: 3 + 4
Donnerstag	8: 3 + 5	9: 3 + 6	9: 5 + 4	8: 2 + 6
Freitag	9: 5 + 4	10: 5 + 5	10: 4 + 6	9: 6 + 3

Die Zahl 10 zerlegen

Montag

10		10		10		10	
0	10	3	7	6	4	9	1
1	9	4	6	7	3	10	0
2	8	5	5	8	2	0	10

Dienstag

10		10		10		10	
5	5	0	10	8	2	5	5
1	9	4	6	2	8	7	3
3	7	10	0	6	4	9	1

Mittwoch

10		10		10		10	
10	0	7	3	4	6	1	9
9	1	6	4	3	7	0	10
8	2	5	5	2	8	10	0

Donnerstag

10		10		10		10	
5	5	7	3	4	6	1	9
8	2	3	7	2	8	6	4
10	0	8	2	9	1	0	10

Freitag

10		10		10		10	
1	9	8	2	10	0	4	6
2	8	7	3	0	10	5	5
9	1	4	6	1	9	7	3

Zahlenhäuser bis 10

Montag

1		2		1		2	
		0	2			2	0
1	0	2	0	1	0	1	1
0	1	1	1	0	1	0	2

Dienstag

3		4		3		4	
3	0	3	1	1	2	1	3
2	1	4	0	3	0	0	4
0	3	1	3	2	1	2	2

Mittwoch

5		6		5		6	
4	1	1	5	2	3	0	6
3	2	3	3	5	0	4	2
1	4	4	2	4	1	5	1

Donnerstag

7		8		7		8	
6	1	7	1	7	0	0	8
2	5	2	6	3	4	3	5
4	3	4	4	2	5	1	7

Freitag

9		10		9		10	
1	8	10	0	8	1	2	8
6	3	1	9	3	6	5	5
7	2	6	4	4	5	7	3

Größer (>), kleiner (<) oder gleich (=) bis 10

Montag

1 < 3	1 < 2 (3, 4, ...)	0 + 1 = 1	3 > 1 + 1
3 > 2	0 < 1 (2, 3, ...)	2 − 1 < 3	0 < 3 + 0
1 = 1	2 > 1 (0)	2 + 1 > 2	1 = 2 − 1
3 > 0	3 > 2 (1, 0)	3 − 2 < 3	2 = 1 + 1

Dienstag

4 > 3	4 = 4	3 + 1 = 4	3 > 1 + 1
0 < 2	1 < 2 (3, 4, ...)	4 − 2 < 3	0 < 1 + 3
4 = 4	2 > 1 (0)	1 + 1 < 4	4 = 2 + 2
3 > 2	3 < 4 (5, 6, ...)	2 + 2 > 3	2 = 3 − 1

Mittwoch

6 > 3	5 < 6 (7, 8, ...)	3 + 3 > 5	6 = 1 + 5
4 < 5	6 > 5 (4, 3, ...)	5 − 2 > 2	3 > 6 − 4
4 > 1	4 < 5 (6, 7, ...)	1 + 5 = 6	5 > 2 + 2
3 = 3	0 = 0	0 + 5 > 4	4 > 2 + 1

Donnerstag

6 < 7	5 < 6 (7, 8, ...)	3 + 2 = 5	8 > 7 − 5
8 > 6	7 = 7	4 + 3 > 6	5 < 3 + 4
7 = 7	8 > 7 (6, 5, ...)	8 − 6 < 4	7 > 3 + 3
4 > 3	2 < 3 (4, 5, ...)	7 − 3 < 7	6 = 1 + 5

Freitag

8 < 10	10 > 9 (8, 7, ...)	5 + 5 = 10	9 < 1 + 9
10 = 10	9 < 10 (11, 12, ...)	3 + 7 > 8	5 < 7 − 1
9 > 8	7 = 7	10 − 6 < 5	8 = 4 + 4
6 < 9	6 < 7 (8, 9, ...)	9 − 0 > 6	7 = 2 + 5

Vorgänger und Nachfolger bis 10

Montag

V	Z	N	V	Z	N	V	Z	N	V	Z	N
0	1	2	0	1	2	2	3	4	1	2	3
1	2	3	1	2	3	0	1	2	2	3	4
2	3	4	2	3	4	1	2	3	0	1	2

Dienstag

V	Z	N	V	Z	N	V	Z	N	V	Z	N
2	3	4	4	5	6	3	4	5	3	4	5
1	2	3	3	4	5	1	2	3	4	5	6
3	4	5	2	3	4	2	3	4	1	2	3

Mittwoch

V	Z	N	V	Z	N	V	Z	N	V	Z	N
4	5	6	6	7	8	4	5	6	5	6	7
2	3	4	4	5	6	3	4	5	6	7	8
5	6	7	5	6	7	5	6	7	4	5	6

Donnerstag

V	Z	N	V	Z	N	V	Z	N	V	Z	N
5	6	7	7	8	9	7	8	9	6	7	8
7	8	9	8	9	10	5	6	7	8	9	10
6	7	8	6	7	8	6	7	8	7	8	9

Freitag

V	Z	N	V	Z	N	V	Z	N	V	Z	N
8	9	10	6	7	8	8	9	10	8	9	10
6	7	8	5	6	7	7	8	9	4	5	6
7	8	9	7	8	9	6	7	8	5	6	7

Addieren bis 10

Montag			
1 + 0 = 1	1 + 0 = 1	1 + 1 = 2	0 + 3 = 3
1 + 1 = 2	2 + 1 = 3	1 + 0 = 1	2 + 1 = 3
1 + 2 = 3	3 + 0 = 3	1 + 2 = 3	1 + 1 = 2
0 + 1 = 1	0 + 3 = 3	2 + 0 = 2	3 + 0 = 3
Dienstag			
1 + 1 = 2	4 + 1 = 5	0 + 3 = 3	4 + 1 = 5
2 + 3 = 5	3 + 2 = 5	2 + 2 = 4	1 + 2 = 3
2 + 1 = 3	1 + 3 = 4	1 + 4 = 5	0 + 5 = 5
1 + 4 = 5	1 + 1 = 2	3 + 1 = 4	4 + 0 = 4
Mittwoch			
1 + 6 = 7	5 + 0 = 5	3 + 1 = 4	4 + 2 = 6
5 + 1 = 6	4 + 1 = 5	4 + 3 = 7	2 + 5 = 7
2 + 4 = 6	3 + 3 = 6	1 + 5 = 6	6 + 1 = 7
1 + 3 = 4	2 + 1 = 3	5 + 1 = 6	0 + 7 = 7
Donnerstag			
1 + 7 = 8	9 + 0 = 9	4 + 4 = 8	4 + 5 = 9
3 + 4 = 7	8 + 1 = 9	3 + 6 = 9	7 + 2 = 9
0 + 6 = 6	2 + 7 = 9	7 + 1 = 8	5 + 3 = 8
4 + 1 = 5	6 + 2 = 8	5 + 2 = 7	1 + 8 = 9
Freitag			
1 + 9 = 10	10 + 0 = 10	5 + 5 = 10	7 + 3 = 10
0 + 8 = 8	6 + 3 = 9	6 + 4 = 10	8 + 1 = 9
3 + 7 = 10	8 + 2 = 10	0 + 10 = 10	1 + 7 = 8
7 + 0 = 7	7 + 1 = 8	2 + 8 = 10	9 + 1 = 10

Tauschaufgaben bis 10

Montag			
		2 + 1 = 3	0 + 2 = 2
2 + 1 = 3	3 + 1 = 4	1 + 2 = 3	2 + 0 = 2
		3 + 1 = 4	4 + 0 = 4
1 + 2 = 3	1 + 3 = 4	1 + 3 = 4	0 + 4 = 4
Dienstag			
		2 + 3 = 5	4 + 2 = 6
4 + 2 = 6	1 + 5 = 6	3 + 2 = 5	2 + 4 = 6
		5 + 0 = 5	1 + 4 = 5
2 + 4 = 6	5 + 1 = 6	0 + 5 = 5	4 + 1 = 5
Mittwoch			
		5 + 2 = 7	2 + 5 = 7
4 + 3 = 7	6 + 2 = 8	2 + 5 = 7	5 + 2 = 7
		7 + 1 = 8	3 + 5 = 8
3 + 4 = 7	2 + 6 = 8	1 + 7 = 8	5 + 3 = 8
Donnerstag			
		3 + 6 = 9	1 + 9 = 10
5 + 4 = 9	7 + 3 = 10	6 + 3 = 9	9 + 1 = 10
		2 + 7 = 9	6 + 4 = 10
4 + 5 = 9	3 + 7 = 10	7 + 2 = 9	4 + 6 = 10
Freitag			
		8 + 1 = 9	9 + 0 = 9
1 + 9 = 10	2 + 8 = 10	1 + 8 = 9	0 + 9 = 9
		4 + 5 = 9	7 + 3 = 10
9 + 1 = 10	8 + 2 = 10	5 + 4 = 9	3 + 7 = 10

Subtrahieren bis 10

Montag			
3 − 2 = 1	3 − 1 = 2	2 − 2 = 0	1 − 0 = 1
2 − 1 = 1	3 − 2 = 1	3 − 2 = 1	3 − 2 = 1
1 − 1 = 0	2 − 0 = 2	3 − 3 = 0	2 − 1 = 1
3 − 0 = 3	2 − 1 = 1	3 − 0 = 3	3 − 3 = 0
Dienstag			
4 − 1 = 3	4 − 2 = 2	4 − 3 = 1	5 − 5 = 0
3 − 2 = 1	5 − 3 = 2	4 − 0 = 4	5 − 0 = 5
5 − 2 = 3	3 − 0 = 3	5 − 4 = 1	4 − 4 = 0
5 − 1 = 4	5 − 4 = 1	3 − 1 = 2	4 − 3 = 1
Mittwoch			
6 − 5 = 1	5 − 1 = 4	6 − 0 = 6	6 − 2 = 4
7 − 3 = 4	7 − 4 = 3	6 − 4 = 2	7 − 0 = 7
6 − 0 = 6	6 − 1 = 5	7 − 7 = 0	6 − 3 = 3
7 − 2 = 5	7 − 1 = 6	6 − 6 = 0	5 − 2 = 3
Donnerstag			
8 − 7 = 1	8 − 1 = 7	9 − 4 = 5	8 − 6 = 2
9 − 6 = 3	8 − 2 = 6	9 − 3 = 6	9 − 8 = 1
8 − 5 = 3	9 − 2 = 7	9 − 7 = 2	8 − 3 = 5
9 − 5 = 4	9 − 6 = 3	8 − 4 = 4	9 − 1 = 8
Freitag			
9 − 9 = 0	10 − 0 = 10	10 − 5 = 5	10 − 4 = 6
10 − 8 = 2	10 − 2 = 8	10 − 9 = 1	10 − 7 = 3
10 − 3 = 7	8 − 0 = 8	9 − 0 = 9	10 − 1 = 9
8 − 6 = 2	7 − 5 = 2	10 − 10 = 0	10 − 6 = 4

Umkehraufgaben bis 10

Montag			
3 ⇄ 1 (−2 / +2)	4 ⇄ 2 (−2 / +2)	4 − 0 = 4 4 + 0 = 4	3 − 1 = 2 2 + 1 = 3
2 ⇄ 3 (+1 / −1)	3 ⇄ 4 (+1 / −1)	3 + 0 = 3 3 − 0 = 3	1 + 3 = 4 4 − 3 = 1
Dienstag			
6 ⇄ 4 (−2 / +2)	5 ⇄ 2 (−3 / +3)	6 − 3 = 3 3 + 3 = 6	5 − 4 = 1 1 + 4 = 5
3 ⇄ 5 (+2 / −2)	5 ⇄ 6 (+1 / −1)	2 + 3 = 5 5 − 3 = 2	6 + 0 = 6 6 − 0 = 6
Mittwoch			
7 ⇄ 5 (−2 / +2)	8 ⇄ 7 (−1 / +1)	8 − 3 = 5 5 + 3 = 8	7 − 1 = 6 6 + 1 = 7
2 ⇄ 8 (+6 / −6)	4 ⇄ 6 (+2 / −2)	4 + 3 = 7 7 − 3 = 4	1 + 7 = 8 8 − 7 = 1
Donnerstag			
9 ⇄ 5 (−4 / +4)	9 ⇄ 8 (−1 / +1)	9 − 6 = 3 3 + 6 = 9	9 − 0 = 9 9 + 0 = 9
3 ⇄ 10 (+7 / −7)	3 ⇄ 9 (+6 / −6)	1 + 8 = 9 9 − 8 = 1	7 + 2 = 9 9 − 2 = 7
Freitag			
10 ⇄ 6 (−4 / +4)	10 ⇄ 2 (−8 / +8)	10 − 6 = 4 4 + 6 = 10	10 − 1 = 9 9 + 1 = 10
7 ⇄ 10 (+3 / −3)	1 ⇄ 10 (+9 / −9)	5 + 5 = 10 10 − 5 = 5	2 + 8 = 10 10 − 8 = 2

Ergänzen bis 10

Montag			
1 + 1 = 2	1 + 2 = 3	1 + 1 + 1 = 3	1 + 1 + 1 = 3
2 + 1 = 3	1 + 3 = 4	0 + 2 + 2 = 4	2 + 2 + 0 = 4
2 + 2 = 4	1 + 1 = 2	1 + 2 + 1 = 4	1 + 0 + 0 = 1
3 + 1 = 4	0 + 1 = 1	2 + 1 + 0 = 3	0 + 1 + 1 = 2
Dienstag			
2 + 3 = 5	2 + 3 = 5	2 + 3 + 1 = 6	2 + 2 + 1 = 5
1 + 5 = 6	5 + 1 = 6	3 + 1 + 1 = 5	1 + 1 + 4 = 6
4 + 1 = 5	3 + 2 = 5	0 + 4 + 1 = 5	1 + 2 + 2 = 5
5 + 1 = 6	0 + 5 = 5	4 + 1 + 1 = 6	1 + 0 + 5 = 6
Mittwoch			
5 + 2 = 7	5 + 2 = 7	5 + 1 + 2 = 8	1 + 6 + 1 = 8
6 + 2 = 8	3 + 5 = 8	2 + 4 + 1 = 7	4 + 2 + 1 = 7
4 + 3 = 7	6 + 1 = 7	3 + 3 + 2 = 8	1 + 4 + 3 = 8
2 + 6 = 8	1 + 7 = 8	1 + 6 + 1 = 8	3 + 2 + 2 = 7
Donnerstag			
6 + 3 = 9	5 + 5 = 10	5 + 3 + 1 = 9	5 + 4 + 1 = 10
7 + 3 = 10	7 + 2 = 9	6 + 1 + 3 = 10	2 + 6 + 2 = 10
4 + 5 = 9	2 + 8 = 10	3 + 6 + 1 = 10	5 + 2 + 2 = 9
2 + 8 = 10	6 + 3 = 9	5 + 0 + 4 = 9	3 + 6 + 0 = 9
Freitag			
9 + 1 = 10	5 + 5 = 10	5 + 4 + 1 = 10	3 + 2 + 5 = 10
8 + 2 = 10	6 + 4 = 10	2 + 3 + 5 = 10	8 + 1 + 1 = 10
7 + 3 = 10	7 + 3 = 10	6 + 2 + 2 = 10	5 + 3 + 2 = 10
6 + 4 = 10	8 + 2 = 10	4 + 4 + 2 = 10	4 + 3 + 3 = 10

Zahlenmauern bis 10

Tag	Mauer 1	Mauer 2	Mauer 3	Mauer 4
Montag	4 / 2 2 / 1 1 1	3 / 2 1 / 1 1 0	3 / 1 2 / 0 1 1	4 / 2 2 / 2 0 2
Dienstag	5 / 2 3 / 1 1 2	6 / 3 3 / 1 2 1	6 / 2 4 / 1 1 3	5 / 2 3 / 2 0 3
Mittwoch	8 / 4 4 / 1 3 1	7 / 5 2 / 4 1 1	7 / 6 1 / 5 1 0	8 / 5 3 / 3 2 1
Donnerstag	9 / 8 1 / 8 0 1	9 / 5 4 / 2 3 1	10 / 5 5 / 4 1 4	10 / 5 5 / 5 0 5
Freitag	10 / 6 4 / 3 3 1	10 / 6 4 / 4 2 2	10 / 7 3 / 5 2 1	10 / 5 5 / 3 2 3

Aufgabenfamilien bis 10

Montag			
1 2 3	2 3 5	1 4 5	1 3 4
1+2=3	2+3=5	1+4=5	1+3=4
2+1=3	3+2=5	4+1=5	3+1=4
3−1=2	5−2=3	5−1=4	4−1=3
3−2=1	5−3=2	5−4=1	4−3=1
Dienstag			
1 5 6	4 2 6	3 4 7	6 1 7
1+5=6	4+2=6	3+4=7	6+1=7
5+1=6	2+4=6	4+3=7	1+6=7
6−1=5	6−4=2	7−3=4	7−6=1
6−5=1	6−2=4	7−4=3	7−1=6
Mittwoch			
2 5 7	1 7 8	3 5 8	2 6 8
2+5=7	1+7=8	3+5=8	2+6=8
5+2=7	7+1=8	5+3=8	6+2=8
7−2=5	8−1=7	8−3=5	8−2=6
7−5=2	8−7=1	8−5=3	8−6=2
Donnerstag			
6 3 9	4 5 9	7 2 9	1 8 9
6+3=9	4+5=9	7+2=9	1+8=9
3+6=9	5+4=9	2+7=9	8+1=9
9−6=3	9−4=5	9−7=2	9−1=8
9−3=6	9−5=4	9−2=7	9−8=1
Freitag			
4 6 10	8 2 10	3 7 10	9 1 10
4+6=10	8+2=10	3+7=10	9+1=10
6+4=10	2+8=10	7+3=10	1+9=10
10−4=6	10−8=2	10−3=7	10−9=1
10−6=4	10−2=8	10−7=3	10−1=9

Mengen bis 20 erkennen und notieren

Montag

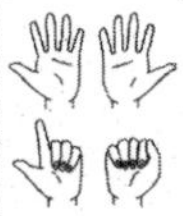

12 Finger | HHT HHT I: 11 | 12 | Z E: 1 1 — 1 Z 1 E — 11 elf

Dienstag

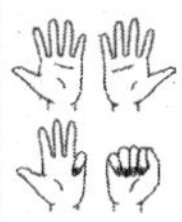

14 Finger | HHT HHT IIII: 14 | 13 | Z E: 1 3 — 1 Z 3 E — 13 dreizehn

Mittwoch

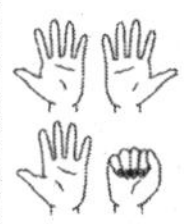

15 Finger | HHT HHT HHT I: 16 | 16 | Z E: 1 5 — 1 Z 5 E — 15 fünfzehn

Donnerstag

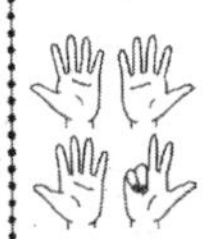

18 Finger | HHT HHT HHT III: 18 | 17 | Z E: 1 7 — 1 Z 7 E — 17 siebzehn

Freitag

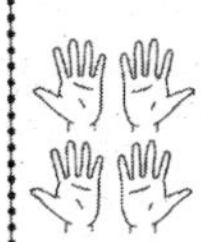

20 Finger | HHT HHT HHT HHT: 20 | 19 | Z E: 1 9 — 1 Z 9 E — 19 neunzehn

Zahlenfolgen bis 20

Montag

7 – 8 – 9 – 10 – 11

8 – 9 – 10 – 11 – 12

0	1	2
10	11	12

Immer 2er-Schritte.
1, 3, 5, 7, 9, 11

Dienstag

12 – 13 – 14 – 15 – 16

9 – 10 – 11 – 12 – 13

1	2	3
11	12	13

Immer 2er-Schritte.
4, 6, 8, 10, 12

Mittwoch

11 – 12 – 13 – 14 – 15

13 – 14 – 15 – 16 – 17

4	5	6
14	15	16

Immer 2er-Schritte.
5, 7, 9, 11, 13, 15

Donnerstag

12 – 13 – 14 – 15 – 16

15 – 16 – 17 – 18 – 19

6	7	8
16	17	18

Immer 2er-Schritte.
8, 10, 12, 14, 16, 18

Freitag

14 – 15 – 16 – 17 – 18

16 – 17 – 18 – 19 – 20

8	9	10
18	19	20

Immer 2er-Schritte.
9, 11, 13, 15, 17, 19

Größer (>), kleiner (<) oder gleich (=) bis 20

Montag

12 > 10	9 < 10 (11, 12, ...)	8 + 2 < 11	12 > 10 − 6
11 = 11	11 = 11	10 + 2 = 12	11 = 12 − 1
11 > 7	12 > 11 (10, 9, ...)	11 − 1 < 11	12 = 6 + 6
3 < 12	8 < 9 (10, 11, ...)	10 − 4 < 12	11 > 4 + 5

Dienstag

14 > 13	13 > 12 (11, 10, ...)	8 + 2 < 14	13 = 14 − 1
12 < 13	7 > 6 (5, 4, ...)	9 − 8 < 13	14 < 10 + 5
14 > 11	14 = 14	11 + 3 > 13	13 > 10 − 7
14 = 14	14 < 15 (16, 17, ...)	12 − 2 < 14	14 = 7 + 7

Mittwoch

16 > 13	15 > 14 (13, 12, ...)	3 + 13 = 16	16 < 10 + 7
15 > 11	16 = 16	16 − 6 < 15	15 > 8 − 7
12 < 16	9 < 10 (11, 12, ...)	11 + 5 > 15	15 < 13 + 3
3 < 13	13 < 14 (15, 16, ...)	10 − 6 < 16	16 > 18 − 8

Donnerstag

17 < 18	18 > 17 (16, 15, ...)	9 + 9 = 18	18 = 9 + 9
18 > 12	11 < 12 (13, 14, ...)	10 − 8 < 18	17 < 11 + 7
18 = 18	17 = 17	12 + 4 < 17	18 > 18 − 1
9 < 17	15 < 16 (17, 18, ...)	15 − 3 < 17	17 > 16 − 5

Freitag

20 = 20	20 = 20	10 + 10 = 20	20 > 18 − 2
18 < 19	17 < 18 (19, 20, ...)	11 + 8 < 20	19 = 16 + 3
12 < 20	19 < 20 (21, 22, ...)	19 − 1 < 20	20 = 12 + 8
19 > 13	15 > 14 (13, 12, ...)	20 − 2 < 19	19 = 19 − 0

Kleine und große Aufgaben bis 20 addieren

Montag

1 + 5 = 6	1 + 7 = 8	1 + 3 = 4	1 + 4 = 5
11 + 5 = 16	11 + 7 = 18	11 + 3 = 14	11 + 4 = 15
2 + 7 = 9	2 + 3 = 5	1 + 9 = 10	2 + 6 = 8
12 + 7 = 19	12 + 3 = 15	11 + 9 = 20	12 + 6 = 18

Dienstag

4 + 6 = 10	1 + 8 = 9	4 + 5 = 9	3 + 3 = 6
14 + 6 = 20	11 + 8 = 19	14 + 5 = 19	13 + 3 = 16
3 + 5 = 8	3 + 6 = 9	1 + 7 = 8	4 + 1 = 5
13 + 5 = 18	13 + 6 = 19	11 + 7 = 18	14 + 1 = 15

Mittwoch

6 + 2 = 8	6 + 3 = 9	6 + 1 = 7	5 + 2 = 7
16 + 2 = 18	16 + 3 = 19	16 + 1 = 17	15 + 2 = 17
5 + 5 = 10	4 + 6 = 10	3 + 4 = 7	6 + 4 = 10
15 + 5 = 20	14 + 6 = 20	13 + 4 = 17	16 + 4 = 20

Donnerstag

7 + 3 = 10	7 + 1 = 8	7 + 2 = 9	7 + 2 = 9
17 + 3 = 20	17 + 1 = 18	17 + 2 = 19	17 + 2 = 19
9 + 1 = 10	2 + 5 = 7	2 + 6 = 8	6 + 1 = 7
19 + 1 = 20	12 + 5 = 17	12 + 6 = 18	16 + 1 = 17

Freitag

5 + 2 = 7	2 + 7 = 9	3 + 4 = 7	1 + 8 = 9
15 + 2 = 17	12 + 7 = 19	13 + 4 = 17	11 + 8 = 19
4 + 5 = 9	2 + 4 = 6	5 + 3 = 8	6 + 2 = 8
14 + 5 = 19	12 + 4 = 16	15 + 3 = 18	16 + 2 = 18

Kleine und große Aufgaben bis 20 subtrahieren

Montag			
2 − 1 = 1	3 − 2 = 1	5 − 3 = 2	10 − 5 = 5
12 − 1 = 11	13 − 2 = 11	15 − 3 = 12	20 − 5 = 15
7 − 2 = 5	8 − 2 = 6	9 − 2 = 7	9 − 1 = 8
17 − 2 = 15	18 − 2 = 16	19 − 2 = 17	19 − 1 = 18

Dienstag			
6 − 5 = 1	6 − 4 = 2	4 − 2 = 2	9 − 5 = 4
16 − 5 = 11	16 − 4 = 12	14 − 2 = 12	19 − 5 = 14
6 − 3 = 3	9 − 3 = 6	8 − 5 = 3	5 − 0 = 5
16 − 3 = 13	19 − 3 = 16	18 − 5 = 13	15 − 0 = 15

Mittwoch			
4 − 1 = 3	7 − 2 = 5	6 − 4 = 2	7 − 3 = 4
14 − 1 = 13	17 − 2 = 15	16 − 4 = 12	17 − 3 = 14
8 − 5 = 3	8 − 4 = 4	10 − 6 = 4	5 − 1 = 4
18 − 5 = 13	18 − 4 = 14	20 − 6 = 14	15 − 1 = 14

Donnerstag			
7 − 3 = 4	7 − 5 = 2	3 − 2 = 1	7 − 6 = 1
17 − 3 = 14	17 − 5 = 12	13 − 2 = 11	17 − 6 = 11
9 − 1 = 8	9 − 3 = 6	7 − 5 = 2	9 − 1 = 8
19 − 1 = 18	19 − 3 = 16	17 − 5 = 12	19 − 1 = 18

Freitag			
5 − 2 = 3	10 − 3 = 7	9 − 7 = 2	10 − 1 = 9
15 − 2 = 13	20 − 3 = 17	19 − 7 = 12	20 − 1 = 19
5 − 4 = 1	7 − 1 = 6	8 − 2 = 6	6 − 5 = 1
15 − 4 = 11	17 − 1 = 16	18 − 2 = 16	16 − 5 = 11

Rechentabellen bis 20 ohne Zehnerübergang

Montag

+	1	14	4
5	6	19	9
4	5	18	8
3	4	17	7
2	3	16	6

−	13	4	10
18	5	14	8
19	6	15	9
15	2	11	5
17	4	13	7

−	2	15	12
18	16	3	6
19	17	4	7
15	13	0	3
17	15	2	5

Dienstag

+	3	2	5
3	6	5	8
10	13	12	15
4	7	6	9
2	5	4	7

−	5	1	4
16	11	15	12
17	12	16	13
15	10	14	11
18	13	17	14

+	1	7	3
3	4	10	6
2	3	9	5
12	13	19	15
1	2	8	4

Mittwoch

+	2	5	4
2	4	7	6
5	7	10	9
11	13	16	15
1	3	6	5

−	4	15	16
19	15	4	3
17	13	2	1
16	12	1	0
18	14	3	2

−	4	11	1
19	15	8	18
17	13	6	16
16	12	5	15
18	14	7	17

Donnerstag

+	3	2	1
5	8	7	6
3	6	5	4
1	4	3	2
11	14	13	12

−	1	10	5
16	15	6	11
15	14	5	10
17	16	7	12
19	18	9	14

−	14	10	16
19	5	9	3
17	3	7	1
16	2	6	0
18	4	8	2

Freitag

+	3	13	5
5	8	18	10
2	5	15	7
3	6	16	8
1	4	14	6

−	15	12	13
19	4	7	6
17	2	5	4
15	0	3	2
16	1	4	3

+	1	13	4
4	5	17	8
3	4	16	7
5	6	18	9
2	3	15	6

Addieren bis 20 ohne Zehnerübergang

Montag			
11 + 6 = 17	18 = 11 + 7	11 + 7 = 18	11 + 3 < 20
12 + 4 = 16	13 = 12 + 1	4 + 12 = 16	12 + 7 > 18
11 + 2 = 13	19 = 11 + 8	12 + 4 = 16	11 + 1 < 15
12 + 8 = 20	20 = 12 + 8	4 + 11 = 15	12 + 7 = 19
11 + 0 = 11	14 = 12 + 2	11 + 8 = 19	

Dienstag			
13 + 4 = 17	20 = 13 + 7	13 + 7 = 20	13 + 2 < 19
14 + 6 = 20	15 = 14 + 1	4 + 13 = 17	14 + 5 < 20
13 + 0 = 13	19 = 13 + 6	2 + 13 = 15	13 + 6 > 16
13 + 7 = 20	17 = 14 + 3	14 + 4 = 18	14 + 4 > 11
14 + 3 = 17	16 = 10 + 6	13 + 0 = 13	

Mittwoch			
15 + 3 = 18	19 = 15 + 4	15 + 5 = 20	15 + 0 < 20
16 + 0 = 16	17 = 16 + 1	2 + 15 = 17	16 + 3 = 19
15 + 1 = 16	20 = 15 + 5	0 + 15 = 15	15 + 1 < 18
16 + 4 = 20	16 = 16 + 0	16 + 2 = 18	16 + 4 > 12
15 + 5 = 20	18 = 15 + 3	3 + 13 = 16	

Donnerstag			
17 + 2 = 19	20 = 17 + 3	18 + 2 = 20	17 + 2 > 14
18 + 0 = 18	19 = 18 + 1	17 + 0 = 17	18 + 1 > 12
17 + 1 = 18	20 = 19 + 1	2 + 17 = 19	17 + 0 > 10
18 + 2 = 20	18 = 17 + 1	1 + 17 = 18	18 + 2 = 20
17 + 3 = 20	20 = 18 + 2	18 + 1 = 19	

Freitag			
19 + 0 = 19	20 = 19 + 1	19 + 1 = 20	20 + 0 = 20
20 + 0 = 20	19 = 19 + 0	19 + 0 = 19	19 + 1 > 12
19 + 1 = 20	20 = 20 + 0	0 + 19 = 19	0 + 20 > 10
1 + 19 = 20	20 = 0 + 20	1 + 19 = 20	19 + 0 > 5
0 + 20 = 20	20 = 1 + 19	0 + 20 = 20	

Subtrahieren bis 20 ohne Zehnerübergang

Montag			
11 − 1 = 10	11 = 16 − 5	17 − 5 = 12	18 − 0 > 11
12 − 2 = 10	12 = 20 − 8	13 − 2 = 11	20 − 2 > 12
12 − 1 = 11	11 = 13 − 2	19 − 7 = 12	11 − 1 < 12
12 − 0 = 12	12 = 19 − 7	15 − 4 = 11	17 − 7 < 11
11 − 0 = 11	11 = 11 − 0	20 − 8 = 12	

Dienstag			
13 − 2 = 11	13 = 17 − 4	16 − 3 = 13	13 − 3 < 14
14 − 1 = 13	13 = 20 − 7	19 − 5 = 14	16 − 2 = 14
13 − 0 = 13	14 = 15 − 1	18 − 4 = 14	19 − 6 = 13
13 − 3 = 10	13 = 16 − 3	15 − 2 = 13	15 − 3 < 14
14 − 2 = 12	14 = 19 − 5	20 − 7 = 13	

Mittwoch			
15 − 4 = 11	15 = 19 − 4	19 − 4 = 15	15 − 0 = 15
16 − 2 = 14	16 = 17 − 1	18 − 2 = 16	19 − 4 < 16
15 − 2 = 13	16 = 16 − 0	17 − 2 = 15	20 − 9 < 15
16 − 5 = 11	15 = 20 − 5	20 − 4 = 16	18 − 2 = 16
15 − 0 = 15	15 = 18 − 3	16 − 1 = 15	

Donnerstag			
17 − 0 = 17	17 = 20 − 3	20 − 3 = 17	20 − 0 > 17
18 − 7 = 11	17 = 18 − 1	18 − 1 = 17	12 − 2 < 18
17 − 6 = 11	18 = 20 − 2	19 − 1 = 18	20 − 2 = 18
18 − 3 = 15	18 = 19 − 1	20 − 2 = 18	19 − 5 < 17
17 − 5 = 12	17 = 17 − 0	17 − 0 = 17	

Freitag			
20 − 2 = 18	19 = 16 + 4 − 1	20 − 10 + 10 = 20	20 − 3 < 20
19 − 3 = 16	19 = 20 + 0 − 1	20 − 0 + 0 = 20	20 − 1 = 19
20 − 8 = 12	20 = 20 + 0 − 0	20 − 1 + 0 = 19	20 − 0 = 20
20 − 9 = 11	19 = 13 + 7 − 1	20 − 15 + 14 = 19	20 − 4 < 19
19 − 7 = 12	20 = 9 + 11 − 0	20 − 12 + 11 = 19	

Addieren bis 20 mit Zehnerübergang – Stopp bei der 10

Montag

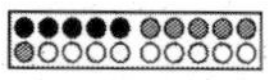

	9 (+2) 11 / (+1) 10 (+1)	4 + 8 = 12 4 + 6 + 2 = 12
5 (+6) 11 / (+5) 10 (+1)	4 (+7) 11 / (+6) 10 (+1)	3 + 8 = 11 3 + 7 + 1 = 11

Dienstag

	3 (+9) 12 / (+7) 10 (+2)	7 + 6 = 13 7 + 3 + 3 = 13
8 (+5) 13 / (+2) 10 (+3)	8 (+6) 14 / (+2) 10 (+4)	9 + 5 = 14 9 + 1 + 4 = 14

Mittwoch

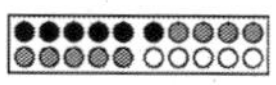

	9 (+7) 16 / (+1) 10 (+6)	8 + 8 = 16 8 + 2 + 6 = 16
6 (+9) 15 / (+4) 10 (+5)	7 (+8) 15 / (+3) 10 (+5)	8 + 9 = 17 8 + 2 + 7 = 17

Donnerstag

9 + 8 = 17 9 + 1 + 7 = 17	8 + 7 = 15 8 + 2 + 5 = 15	7 + 7 = 14 7 + 3 + 4 = 14
9 + 9 = 18 9 + 1 + 8 = 18	5 + 7 = 12 5 + 5 + 2 = 12	6 + 5 = 11 6 + 4 + 1 = 11

Freitag

7 + 4 = 11 7 + 3 + 1 = 11	4 + 9 = 13 4 + 6 + 3 = 13	6 + 8 = 14 6 + 4 + 4 = 14
5 + 6 = 11 5 + 5 + 1 = 11	6 + 6 = 12 6 + 4 + 2 = 12	9 + 5 = 14 9 + 1 + 4 = 14

Subtrahieren bis 20 mit Zehnerübergang – Stopp bei der 10

Montag

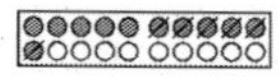

	11 (−4) 7 / (−1) 10 (−3)	11 − 9 = 2 11 − 1 − 8 = 2
11 (−6) 5 / (−1) 10 (−5)	12 (−3) 9 / (−2) 10 (−1)	12 − 8 = 4 12 − 2 − 6 = 4

Dienstag

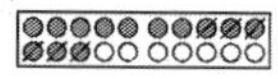

	13 (−8) 5 / (−3) 10 (−5)	13 − 9 = 4 13 − 3 − 6 = 4
13 (−6) 7 / (−3) 10 (−3)	14 (−7) 7 / (−4) 10 (−3)	14 − 8 = 6 14 − 4 − 4 = 6

Mittwoch

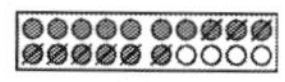

	17 (−8) 9 / (−7) 10 (−1)	15 − 6 = 9 15 − 5 − 1 = 9
16 (−9) 7 / (−6) 10 (−3)	15 (−7) 8 / (−5) 10 (−2)	16 − 8 = 8 16 − 6 − 2 = 8

Donnerstag

14 − 6 = 8 14 − 4 − 2 = 8	13 − 7 = 6 13 − 3 − 4 = 6	11 − 7 = 4 11 − 1 − 6 = 4
12 − 9 = 3 12 − 2 − 7 = 3	11 − 8 = 3 11 − 1 − 7 = 3	15 − 8 = 7 15 − 5 − 3 = 7

Freitag

13 − 5 = 8 13 − 3 − 2 = 8	17 − 9 = 8 17 − 7 − 2 = 8	11 − 2 = 9 11 − 1 − 1 = 9
14 − 8 = 6 14 − 4 − 4 = 6	15 − 9 = 6 15 − 5 − 4 = 6	14 − 5 = 9 14 − 4 − 1 = 9

Addieren bis 20 mit Zehnerübergang – Rechenstrategien

Montag

7 + 8 = 15 7 + 7 + 1 = 15	8 + 9 = 17 8 + 8 + 1 = 17	7 + 6 = 13 7 + 7 − 1 = 13	9 + 8 = 17 9 + 9 − 1 = 17
5 + 6 = 11 5 + 5 + 1 = 11	6 + 7 = 13 6 + 6 + 1 = 13	6 + 5 = 11 6 + 6 − 1 = 11	8 + 7 = 15 8 + 8 − 1 = 15

Dienstag

9 + 2 = 11 10 + 2 = 12	9 + 8 = 17 10 + 8 = 18	6 + 9 = 15 6 + 10 = 16	2 + 9 = 11 2 + 10 = 12
9 + 5 = 14 10 + 5 = 15	9 + 9 = 18 10 + 9 = 19	3 + 9 = 12 3 + 10 = 13	4 + 9 = 13 4 + 10 = 14

Mittwoch

8 + 6 = 14	6 + 4 = 10	7 + 5 = 12	9 + 7 = 16
8 + 7 = 15	6 + 5 = 11	7 + 6 = 13	9 + 8 = 17
8 + 8 = 16	**6 + 6 =** 12	**7 + 7 =** 14	**9 + 9 =** 18
8 + 9 = 17	6 + 7 = 13	7 + 8 = 15	9 + 10 = 19
8 + 10 = 18	6 + 8 = 14	7 + 9 = 16	9 + 11 = 20

Donnerstag

6 + 7 = 13 6 + 6 + 1 = 13	9 + 8 = 17 9 + 9 − 1 = 17	8 + 7 = 15 8 + 8 − 1 = 15
7 + 8 = 15 7 + 7 + 1 = 15	5 + 6 = 11 5 + 5 + 1 = 11	7 + 6 = 13 7 + 7 − 1 = 13

Freitag

3 + 9 = 12	7 + 8 = 15	5 + 6 = 11	4 + 9 = 13
8 + 5 = 13	3 + 8 = 11	8 + 6 = 14	8 + 7 = 15
9 + 4 = 13	8 + 9 = 17	9 + 3 = 12	2 + 9 = 11
5 + 9 = 14	9 + 6 = 15	5 + 7 = 12	6 + 8 = 14
7 + 6 = 13	5 + 8 = 13	4 + 8 = 12	4 + 7 = 11

Subtrahieren bis 20 mit Zehnerübergang – Rechenstrategien

Montag

16 − 9 = 7 16 − 8 − 1 = 7	12 − 7 = 5 12 − 6 − 1 = 5	14 − 6 = 8 14 − 7 + 1 = 8	20 − 9 = 11 20 − 10 + 1 = 11
14 − 8 = 6 14 − 7 − 1 = 6	20 − 11 = 9 20 − 10 − 1 = 9	16 − 7 = 9 16 − 8 + 1 = 9	12 − 5 = 7 12 − 6 + 1 = 7

Dienstag

14 − 9 = 5 14 − 10 = 4	12 − 9 = 3 12 − 10 = 2	16 − 9 = 7 16 − 10 = 6	15 − 9 = 6 15 − 10 = 5
11 − 9 = 2 11 − 10 = 1	17 − 9 = 8 17 − 10 = 7	13 − 9 = 4 13 − 10 = 3	18 − 9 = 9 18 − 10 = 8

Mittwoch

14 − 5 = 9	12 − 4 = 8	16 − 6 = 10	18 − 7 = 11
14 − 6 = 8	12 − 5 = 7	16 − 7 = 9	18 − 8 = 10
14 − 7 = 7	**12 − 6 =** 6	**16 − 8 =** 8	**18 − 9 =** 9
14 − 8 = 6	12 − 7 = 5	16 − 9 = 7	18 − 10 = 8
14 − 9 = 5	12 − 8 = 4	16 − 10 = 6	18 − 11 = 7

Donnerstag

11 − 8 = 3 8 + 3 = 11	13 − 9 = 4 9 + 4 = 13	12 − 7 = 5 7 + 5 = 12	16 − 9 = 7 9 + 7 = 16
15 − 6 = 9 6 + 9 = 15	17 − 8 = 9 8 + 9 = 17	18 − 9 = 9 9 + 9 = 18	14 − 8 = 6 8 + 6 = 14

Freitag

16 − 8 = 8	14 − 7 = 7	16 − 7 = 9	13 − 8 = 5
15 − 7 = 8	11 − 9 = 2	12 − 8 = 4	12 − 6 = 6
13 − 9 = 4	18 − 9 = 9	11 − 6 = 5	16 − 9 = 7
12 − 5 = 7	13 − 7 = 6	17 − 9 = 8	12 − 9 = 3
11 − 2 = 9	12 − 7 = 5	15 − 9 = 6	15 − 6 = 9

Rechenräder bis 20

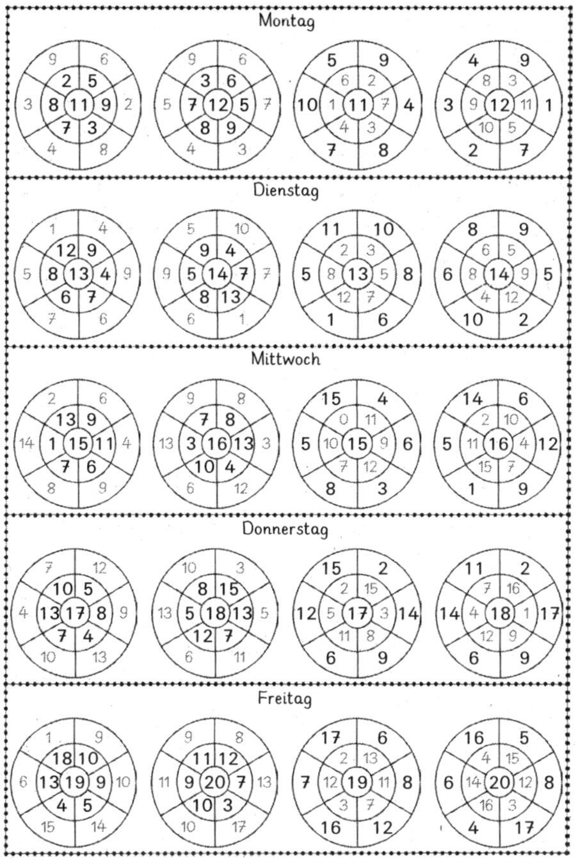

Rechentabellen bis 20 mit Zehnerübergang

Montag

+	7	6	9
8	15	14	17
5	12	11	14
7	14	13	16
6	13	12	15

−	9	7	6
15	6	8	9
12	3	5	6
14	5	7	8
13	4	6	7

+	6	7	5
6	12	13	11
8	14	15	13
9	15	16	14
7	13	14	12

Dienstag

+	9	7	6
8	17	15	14
7	16	14	13
5	14	12	11
9	18	16	15

−	8	7	6
11	3	4	5
12	4	5	6
15	7	8	9
13	5	6	7

−	9	7	5
14	5	7	9
12	3	5	7
13	4	6	8
11	2	4	6

Mittwoch

−	8	6	9
12	4	6	3
15	7	9	6
14	6	8	5
11	3	5	2

−	7	9	8
15	8	6	7
12	5	3	4
11	4	2	3
14	7	5	6

+	5	8	6
9	14	17	15
7	12	15	13
6	11	14	12
8	13	16	14

Donnerstag

+	9	5	8
6	15	11	14
8	17	13	16
7	16	12	15
9	18	14	17

−	6	8	7
14	8	6	7
12	6	4	5
15	9	7	8
11	5	3	4

+	9	7	8
5	14	12	13
9	18	16	17
6	15	13	14
8	17	15	16

Freitag

−	9	7	6
14	5	7	8
15	6	8	9
11	2	4	5
12	3	5	6

+	7	8	6
8	15	16	14
5	12	13	11
6	13	14	12
9	16	17	15

−	7	8	9
11	4	3	2
15	8	7	6
14	7	6	5
12	5	4	3

Rechendreiecke bis 20

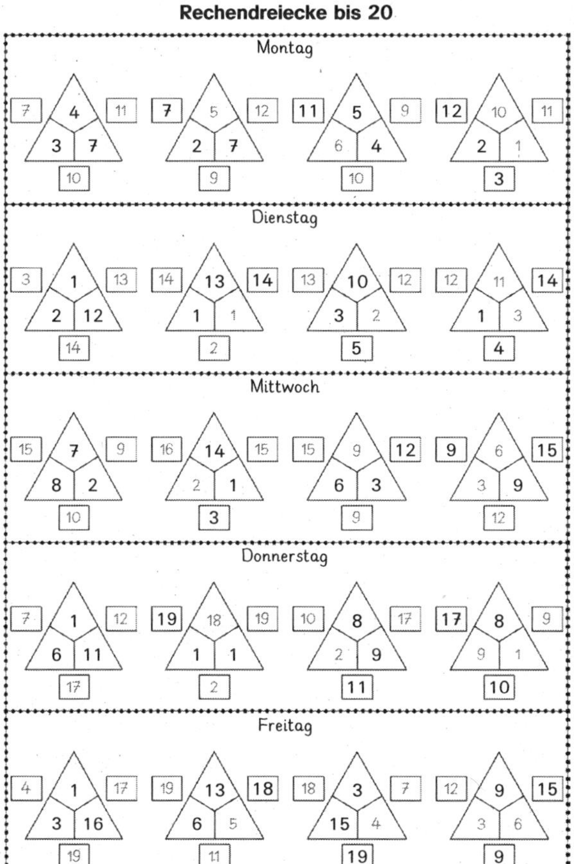

Ergänzen bis 20

Montag

4 + 7 = 11	11 − 5 = 6	8 + 3 = 11	11 − 8 = 3
6 + 6 = 12	12 − 7 = 5	5 + 7 = 12	11 − 5 = 6
3 + 9 = 12	11 − 3 = 8	2 + 9 = 11	12 − 4 = 8
5 + 6 = 11	12 − 5 = 7	8 + 4 = 12	12 − 9 = 3
2 + 10 = 12	11 − 7 = 4	6 + 5 = 11	11 − 6 = 5

Dienstag

6 + 7 = 13	13 − 7 = 6	4 + 9 = 13	14 − 2 = 12
5 + 9 = 14	14 − 5 = 9	8 + 6 = 14	13 − 8 = 5
9 + 4 = 13	13 − 9 = 4	5 + 8 = 13	13 − 7 = 6
7 + 7 = 14	14 − 6 = 8	9 + 5 = 14	14 − 1 = 13
8 + 5 = 13	13 − 6 = 7	7 + 6 = 13	14 − 7 = 7

Mittwoch

8 + 7 = 15	15 − 10 = 5	3 + 12 = 15	15 − 12 = 3
7 + 9 = 16	16 − 7 = 9	6 + 10 = 16	15 − 13 = 2
6 + 9 = 15	15 − 7 = 8	7 + 8 = 15	16 − 7 = 9
9 + 7 = 16	16 − 3 = 13	7 + 9 = 16	16 − 9 = 7
9 + 6 = 15	15 − 8 = 7	8 + 7 = 15	15 − 4 = 11

Donnerstag

4 + 13 = 17	17 − 8 = 9	2 + 15 = 17	17 − 5 = 12
9 + 9 = 18	18 − 14 = 4	13 + 5 = 18	17 − 9 = 8
8 + 9 = 17	17 − 5 = 12	3 + 14 = 17	18 − 7 = 11
3 + 15 = 18	18 − 3 = 15	2 + 16 = 18	18 − 3 = 15
6 + 11 = 17	17 − 9 = 8	11 + 6 = 17	17 − 4 = 13

Freitag

4 + 15 = 19	19 − 11 = 8	8 + 11 = 19	19 − 7 = 12
7 + 13 = 20	20 − 9 = 11	13 + 7 = 20	20 − 3 = 17
2 + 17 = 19	19 − 6 = 13	16 + 3 = 19	20 − 12 = 8
6 + 14 = 20	20 − 11 = 9	5 + 15 = 20	20 − 6 = 14
8 + 11 = 19	19 − 4 = 15	7 + 12 = 19	19 − 8 = 11

Rechenketten bis 20

Montag

4 (+3) 7 (+5) 12 — 15 (−6) 9 (−4) 5 — 3 (+2) 5 (+6) 11
6 (+5) 11 (+3) 14 — 17 (−2) 15 (−8) 7 — 3 (+6) 9 (+9) 18
5 (+8) 13 (+4) 17 — 11 (−3) 8 (−7) 1 — 3 (+8) 11 (+3) 14

Dienstag

6 (+7) 13 (+5) 18 — 2 (+8) 10 (+7) 17 — 3 (+6) 9 (+7) 16
2 (+9) 11 (+5) 16 — 3 (+6) 9 (+9) 18 — 6 (+1) 7 (+8) 15
2 (+5) 7 (+6) 13 — 1 (+7) 8 (+9) 17 — 5 (+3) 8 (+6) 14

Mittwoch

19 (−8) 11 (−7) 4 — 19 (−3) 16 (−8) 8 — 15 (−3) 12 (−6) 6
20 (−5) 15 (−6) 9 — 20 (−2) 18 (−9) 9 — 16 (−2) 14 (−9) 5
19 (−5) 14 (−7) 7 — 18 (−3) 15 (−7) 8 — 20 (−8) 12 (−6) 6

Donnerstag

5 (+6) 11 (+6) 17 — 17 (−6) 11 (−7) 4 — 2 (+6) 8 (+9) 17
4 (+5) 9 (+6) 15 — 19 (−3) 16 (−8) 8 — 6 (+3) 9 (+6) 15
3 (+4) 7 (+5) 12 — 15 (−1) 14 (−8) 6 — 7 (+1) 8 (+5) 13

Freitag

17 (−4) 13 (+4) 17 — 8 (+4) 12 (−7) 5 — 13 (−5) 8 (+9) 17
19 (−9) 10 (+9) 19 — 6 (+5) 11 (−3) 8 — 6 (+5) 11 (−9) 2
17 (−7) 10 (−1) 9 — 9 (+7) 16 (−8) 8 — 20 (−11) 9 (+4) 13

Addieren und Subtrahieren bis 20 – Wiederholung (1)

Montag

17 / 12 5 / 12 0 5 — 15 / 6 9 / 5 1 8 — 18 / 9 9 / 4 5 4 — 16 / 9 7 / 5 4 3

Dienstag

14 / 7 7 / 3 4 3 — 18 / 9 9 / 6 3 6 — 17 / 12 5 / 9 3 2 — 11 / 6 5 / 2 4 1

Mittwoch

12 | 7 / 5 1 | 8 | 6 — 6 | 2 / 4 13 | 15 | 17 — 16 | 12 / 4 4 | 16 | 8 — 15 | 8 / 7 2 | 10 | 9

Donnerstag

+	5	8	14
5	10	13	19
4	9	12	18
3	8	11	17
1	6	9	15

−	4	8	13
19	15	11	6
17	13	9	4
14	10	6	1
15	11	7	2

+	4	3	7
5	9	8	12
10	14	13	17
7	11	10	14
9	13	12	16

Freitag

18: 10 11 17 9 4 5 / 8 7 1 9 14 13
14: 3 8 7 1 5 10 / 11 6 7 13 9 4
17: 4 12 10 11 8 6 / 13 5 7 6 9 11
15: 8 5 9 12 2 4 / 7 10 6 3 13 11

Addieren und Subtrahieren bis 20 – Wiederholung (2)

Montag

6 7 13	8 9 17	7 8 15	4 8 12
6 + 7 = 13	8 + 9 = 17	7 + 8 = 15	4 + 8 = 12
7 + 6 = 13	9 + 8 = 17	8 + 7 = 15	8 + 4 = 12
13 − 6 = 7	17 − 8 = 9	15 − 7 = 8	12 − 4 = 8
13 − 7 = 6	17 − 9 = 8	15 − 8 = 7	12 − 8 = 4

Dienstag

9 + 8 = 17	6 + 7 = 13	8 + 5 = 13	5 + 5 = 10
7 + 9 = 16	7 + 8 = 15	9 + 8 = 17	6 + 6 = 12
9 + 5 = 14	5 + 6 = 11	7 + 6 = 13	7 + 7 = 14
3 + 9 = 12	8 + 7 = 15	5 + 8 = 13	8 + 8 = 16
9 + 6 = 15	6 + 8 = 14	9 + 7 = 16	9 + 9 = 18

Mittwoch

12 − 9 = 3	14 − 8 = 6	13 − 8 = 5	16 − 6 = 10
13 − 9 = 4	16 − 7 = 9	8 + 5 = 13	16 − 7 = 9
17 − 9 = 8	15 − 8 = 7		16 − 8 = 8
15 − 9 = 6	12 − 7 = 5	18 − 9 = 9	16 − 9 = 7
11 − 9 = 2	17 − 8 = 9	9 + 9 = 18	16 − 10 = 6

Donnerstag

20		18		15		17	
1	19	1	17	13	2	17	0
13	7	7	11	7	8	4	13
20	0	6	12	10	5	11	6

Freitag

17 + 3 = 20	16 − 5 = 11	18 + 2 = 20	14 − 3 = 11
16 − 7 = 9	8 + 12 = 20	20 − 6 = 14	2 + 14 = 16
12 + 8 = 20	18 − 5 = 13	14 + 3 = 17	19 − 4 = 15
11 − 4 = 7	2 + 17 = 19	19 − 7 = 12	7 + 11 = 18
14 + 6 = 20	14 − 4 = 10	15 + 4 = 19	18 − 3 = 15